Computerspiele programmieren

Künstliche Intelligenz für künstliche Gehirne

von
Klaus Breuer

Oldenbourg Verlag München

Klaus Breuer, geboren 1968 in Kanada, verbrachte fünf Jahre auf dem Segelschiff „Kajen" und wohnte in verschiedenen Ländern, bevor er in Stellenbosch, Südafrika seine zehnte Schule und erste Universität besuchte. Er arbeitet als Senior Developer in einer Softwarefirma bei München und schreibt seit 1984 kommerzielle Programme.

Bibliografische Information der Deutschen Nationalbibliothek

Die Deutsche Nationalbibliothek verzeichnet diese Publikation in der Deutschen Nationalbibliografie; detaillierte bibliografische Daten sind im Internet über http://dnb.d-nb.de abrufbar.

© 2012 Oldenbourg Wissenschaftsverlag GmbH
Rosenheimer Straße 145, D-81671 München
Telefon: (089) 45051-0
www.oldenbourg-verlag.de

Lektorat: Dr. Gerhard Pappert
Herstellung: Constanze Müller
Titelbild: thinkstockphotos.de
Einbandgestaltung: hauser lacour
Gesamtherstellung: Grafik & Druck GmbH, München

Dieses Papier ist alterungsbeständig nach DIN/ISO 9706.

ISBN   978-3-486-71789-1
eISBN   978-3-486-71925-3

Meinem großen Vorbild gewidmet:
dem sehr geehrten Herrn Professor Doktor Hans Breuer
...danke für alles, Oubaas!

Inhaltsverzeichnis

This page intentionally left blank
(but now it isn't blank anymore).

...I'm confused.

Kapitel 1

Danksagungen

Sie lesen dies hier? Wirklich? Außer der direkten Familie und den besten Freunden interessiert dieses Kapitel doch niemanden – also fangen Sie lieber mit der Einführung auf Seite 3 an...

Zuerst möchte ich mich bei meinen Eltern bedanken: Merci Buttercup! Ihr habt mich immer voll unterstützt und geholfen, auch wenn ich mich manchmal so richtig schön doof anstellte.
Gerade Papa Oubaas ist ein echtes Vorbild: hochintelligenter Professor für Physik, viel gefochten, Muskeln durch Rudern, Segler, schrieb 23 Bücher, sehr viel herumgereist, und hat auf fast alles eine (beweisbare!) Antwort.
Ich erinnere mich noch gut, wie wir alle am Strand herumlagen und die Frage aufkam, was wohl eine Wolke wiegt – und das hat er dann im Halbschlaf berechnet.

Mama Bosslady ist auch große Klasse – es gelang Ihr einfach alles, was sie anfing, von Buchillustrationen bis zur Töpferei. Und jetzt baut sie nicht nur eifrig (und natürlich erfolgreich) Webseiten, sondern hat auch schon ein Kinderbuch herausgebracht!

Zwei Brüder habe ich, Hannes und Florian.
Hannes arbeitet mit Siemens an der Protonentherapieplanung, hatte Physik studiert und war dann (dank meines hinterhältigen Einsatzes) auf die Computerei umgestiegen, oder wenigstens teilweise. Erstaunlich, was der so treibt – neuster Spaß ist der Muskelaufbau in einer Boulderhalle. Mittels ‚Boulderhalle‘ in Google sieht man dann erst, *wie* sehr er sich da austoben kann.
Flo ist... Professor. In Mathematik. Wir stehen alle erstaunt davor, was er so alles treibt, lehrt, herumforscht und Reisen in die ganze Welt durchzieht (von der Uni bezahlt, logo). Sieht so harmlos aus, und ist es überhaupt nicht...
Beide sehe ich viel zu wenig, und es ist jedes Mal ganz große Klasse, mit denen zusammen zu sein und Unfug anzustellen.

Last but faaar from least: meine Frau. Ja, ich bin verheiratet, und bis vor wenigen
Jahren hätte ich so etwas niemals für möglich gehalten. Ich bin schon immer (gerade
in meiner 13-jährigen Studienzeit) der holden Weiblichkeit hinterhergelaufen (und um-
gekehrt), und hatte so viel Spaß dabei, dass ich nie glaubte, eines Tages tatsächlich zu
heiraten.

Und dann traf ich Maggie: eine Mathe-Studentin aus Peking in Südafrika, die eigentlich Fan Wang heißt, aber bei jedem (und auch bei sich selbst) als Maggie bekannt ist.
Wir verstanden uns dermaßen gut, dass ich sie zu mir nach München einlud. Sie kam,
lernte Deutsch und studiert jetzt hier weiter. Wir haben tatsächlich geheiratet, und ich
habe es doch wirklich nicht einen Moment bereut: sie spricht inzwischen fünf Sprachen,
studiert einen Master (eventuell gefolgt von Ph.D.) in Mathematik, ist hochintelligent,
kocht hervorragend und ist sehr sehr lieb und nett... werde ich doch z.B. immer wieder
davon geweckt, dass sie mir einen heißen Kaffee unter die Nase hält.

Love you! Really really!

Kapitel 2

Wovon handelt dieses Buch?

Spiele, damit Du ernst sein kannst, denn das Spiel ist ein Ausruhen, und die
Menschen bedürfen des Ausruhens, da sie nicht immer tätig sein können.
Aristoteles

Okay – schon wieder ein Buch über Künstliche Intelligenz (KI). Dabei gibt es doch schon so viele und gute Bücher zu diesem Thema... hier also eine kurze Einführung, womit sich dieses Buch beschäftigt, und ob es sich für Sie lohnt.

Das Buch beschäftigt sich mit schwacher KI (siehe Seite 5) und wie man sie am besten einsetzen kann. Primär bei Computerspielen, aber ich möchte auch zeigen, dass man sie in anderen Gebieten ebenso gut nutzen kann. Ich gehe davon aus, dass Sie schon etwas über das Programmieren von Computern wissen (ergo muss ich nicht erklären, wo z.B. die *Any Key* Taste liegt), vielleicht schon Spiele programmiert haben und jetzt wissen wollen, in welcher Richtung es weiter geht.

KI ist ein wirklich großes und faszinierendes Feld. Dieses Buch ist lediglich eine Einführung – es zeigt Ihnen, um was es sich hier handelt, vermittelt einen gewissen Überblick (der aber durchaus schon helfen sollte) und zeigt dann, wo Sie weitere Informationen finden können.
Suchen Sie ein Buch über ernsthaft komplexe KI, so ist dieses Buch für Sie eher ungeeignet. Das heißt natürlich nicht, dass Sie es nicht kaufen sollten: schenken Sie es einem Kollegen!

2.1   Wer ist denn der Autor?

Wie Sie eventuell schon gemerkt haben, ist mein Name Klaus Breuer. Ich war zwölf
Jahre lang an zwölf verschiedenen Schulen (wir sind sehr viel herumgezogen), dreizehn
Jahre an drei verschiedenen Universitäten und beschäftige mich seit 1981 mit Compu-
tern – seit 1984 schreibe ich kommerzielle Programme. Als 1986 mein Buch über BASIC
herauskam, war es mir fast peinlich: ich war schon an der Uni und hatte gerade *Turbo
Pascal* und andere Sprachen kennengelernt...

Inzwischen ist es 2012, ich arbeite als ‚Senior Developer' in einer sehr netten Firma und
kann selbst Zuhause immer noch nicht meine Finger von der Computerprogrammierung
lassen... ein herrliches Freizeitvergnügen.

Von möglichem Interesse wäre vielleicht meine Webseite:
http://www.breueronline.de/klaus/

2.2   Was ist eigentlich KI?

Gute Frage. Zur Zeit streitet man sich immer noch darüber, denn schon für das Wort
Intelligenz gibt es eigentlich keine echte Definition. Somit wird sich jedes Buch mit einer
etwas anderen Beschreibung herumschlagen, die alle ein wenig, nun, künstlich erscheinen.
Hier also mein Versuch: Künstliche Intelligenz (englisch *Artificial Intelligence, AI*) ist
ein Untergebiet der Informatik, welches sich mit der Darstellung und Nutzung intelli-
genten Verhaltens beschäftigt.

Hm. Klingt auch nicht viel besser – das Hauptproblem findet sich (neben dem unge-
nauen Ausdruck *Intelligenz*) darin, dass das Feld so groß ist. Für manche handelt es
sich ausschließlich um Neuronale Netzwerke (siehe Seite 59), andere sehen eine Simulation von menschlichem Verhalten, oder gar wie man die Durchführung von Dingen
vornimmt, die Menschen momentan einfach besser können (zum Beispiel das Spiel Go
oder, bis vor ein paar Jahren, Schach).

Meiner Meinung nach ist KI einfach etwas Hochinteressantes, ein großes und nicht mal
im Ansatz abgeschlossenes Feld, wo man noch viel forschen kann und das uns womöglich
unsere anderen Computerprojekte deutlich verbessert.

Es gibt zwei Klassen von KI: *starke KI* und *schwache KI*. Eine einfache Unterscheidung
ist: starke KI *ist* Intelligenz, schwache KI *simuliert* Intelligenz.

2.3 Über welche KI reden wir hier?

2.3.1 Starke KI

Ein faszinierendes Feld... besonders oft finden wir es in Science Fiction Büchern und Filmen: hier wird eine Intelligenz erschaffen, welche ein eigenes Bewusstsein entwickelt, kreativ nachdenkt, tatsächlich selber Probleme lösen kann und eventuell sogar Emotionen aufweist. Von *HAL* über *Deep Thought* bis hin zu *Frank Exchange Of Views* haben wir viele intelligente Computer in der Literatur getroffen.

Wir alle kennen ELIZA[1], welche sich schon in den 60er Jahren mit Menschen unterhielt, und zwar so erfolgreich, dass sogar die Sekretärin den Autor (Prof. Weizenbaum) aus dem Zimmer bat, als sie sich mit ELIZA unterhielt. Sehen wir uns jedoch den Code an, ist dieser relativ einfach und enthält definitiv keine eigene Intelligenz.

Der klassische Beweis für die erfolgreiche Erstellung einer starken KI ist der *Turing Test*: mehrere Menschen an Terminale zu setzen, wo sie sich per Tastatur mit jemandem unterhalten. Können sie hier nicht zwischen Mensch oder KI am anderem Ende der Unterhaltung unterscheiden, so handelt es sich um eine erfolgreiche starke KI.

Nur ist dies bisher nicht gelungen. Nicht mal im Ansatz, auch wenn die Neuronalen Netzwerke schon interessant aussehen.
Hier wird sehr viel diskutiert und herumprobiert, sogar Philosophen mischen sich ein... aber seit den 60er Jahren sind wir da nicht wirklich viel weiter gekommen.

2.3.2 Schwache KI

Während die starke KI immer noch in den Kinderschuhen steckt, ist es bei der schwachen KI ganz anders. Hier hat sich gerade in den letzten Jahren sehr viel getan, denn sie ist deutlich einfacher: das System muss lediglich intelligent *aussehen* (z.B. korrekt durch ein Labyrinth finden), nicht wirklich intelligent *sein*, also kein eigenes Bewusstsein aufweisen.
Es handelt sich also um eine reine Problem–Lösungsmethode. Es kann dabei durchaus sein, dass die Benutzer das Programm für intelligent halten (da gibt es viele kleine Tricks, über die wir uns noch unterhalten werden), aber wenn man den Code anschaut, ist man sowohl enttäuscht (doch kein *HAL* unterwegs) als auch fasziniert (*so* geht das also!).

Gerade in Computerspielen haben sich die künstlichen Gegner sehr deutlich verbessert. Wuselten sie noch vor kurzem einfach von links nach rechts, ungezielte Bomben abwerfend, lauern sie uns heute in den Gängen auf, planen mit Ihren Kollegen einen Gegenschlag und fallen uns in den Rücken.

---

[1]Nicht? Wikipedia ist wieder mal die Antwort: http://en.wikipedia.org/wiki/ELIZA

Richtig! Dieses Buch beschäftigt sich mit der Faszination der Schwachen KI, und deren endlosen Anwendungsmöglichkeiten.

2.4   Inhalt

Über jedes Kapitel könnte man ein Buch schreiben – was oft genug schon getan wurde. Alleine über *Wegfindung* kann man spielend über 400 Seiten erstellen, und selbst in zusammengefasster Schreibweise würde man immer noch viel auslassen müssen.

Also halten wir uns hier einfach mal kurz. Wir besprechen eine interessante Idee, sehen uns die Verwendung davon an, und gehen dann weiter, zur nächsten Idee.

Im Anfang haben wir ein Kapitel über die Fehlersuche (tatsächlich immer wieder nützlich), aber danach kommen nur noch die Konzepte selber.

2.5   Quellcode

Nein, ich zeige hier keinen Quellcode an. Dies hat mehrere Gründe – fangen wir bei der zu verwendenden Computersprache an: es gibt so viele davon!

BASIC? Prolog? Perl? Python? C? C++? Lisp? Java? COBOL?[2]
Oder erfinden wir gleich eine eigene Sprache für Pseudo-Code, welche hauptsächlich gut lesbar ist? Aber die gibt es ja auch schon: Pascal (bzw. Delphi oder Lazarus).

Völlig egal welche Sprache hier gewählt wird, es werden sich immer Leser darüber ärgern, dass ihre einzig wahre Sprache nicht verwendet wurde.

Dann folgt der Sprach-Stil. Jeder Programmierer hat seinen eigenen Stil: wie viele Kommentare setze ich, wie weit rücke ich was ein, werden Tabs verwendet, Variablennamen, Loop-Darstellung, und und und... fast jedem Leser würde auffallen, dass der Quellcode nicht richtig dargestellt ist, egal wie er hier gezeigt wird.

Natürlich geht das noch weiter: wie viel CPU-Zeit haben wir für diesen Algorithmus? Genügend? Dann schreiben wir ihn in schön lesbarem, nicht ganz optimiertem OOP-Format. Oder haben wir ein kleines CPUchen und fast keine Leistung? Also sehr Hardware-nahe schreiben, hoch optimiert (und entsprechend unlesbar), eventuell sogar in Assembler.

---

[2]Ja, es gibt noch viiiiel mehr Sprachen: ABAP, ABC, Abel, ABLE, ABSET, ABSYS, Abundance, ACC, Accent, ActForex, Action!, Ace DASL, ACT-III, Ada, Adenine, Afnix, Agda, Agena, Agora, AIS Balise, Aikido, Alef, ALF, ALGOL, Alice, Alma-0, Ambi, AMOS, AMPLE... muss ich fortfahren?

Der Hauptgrund ist jedoch, dass die meisten Leser Quellcode schlicht überspringen. Oft genug ging ich Artikel und Bücher mit Freunden und Kollegen durch: jedes Mal wurde der Quellcode ignoriert.

Versteht man das Konzept, ist eine eigene Code-Erstellung einfach. Konzentrieren wir uns also lieber darauf.

2.6   Weiterführende Quellen

In jedem Kapitel werden Sie so was finden: weiterführende Information, natürlich mit deutlich mehr Inhalt.

- *http://de.wikipedia.org/wiki/Künstliche_Intelligenz* – ein grober Überblick mit vielen Links.
- *Die Macht der Computer und die Ohnmacht der Vernunft (Computer Power and Human Reason)* von Joseph Weizenbaum – ein hervorragendes und heute noch gültiges Buch.
- *http://jerz.setonhill.edu/if/canon/eliza.htm* – sehr akkurate Version von ELIZA.
- *http://www.jamiri.de* – Illustrationen und Bücher von Jamiri, herrlicher Humor (siehe nächste Seite).

Kapitel 3

Fehlersuche

Wer A sagt, der muss nicht B sagen.
Er kann auch erkennen, dass A falsch war.
Bertolt Brecht

3.1   Übersicht

Ja, statt ganz am Schluss (wie man es sonst tut) möchte ich am Anfang des Buches über die Fehlersuche bei der KI sprechen.

Natürlich können Sie das Kapitel einfach überspringen (ab Seite 13 geht es weiter), aber ich würde wirklich empfehlen, dies hier vorher gemütlich durchzulesen, um sich so womöglich doch einige Stunden Rumfluchen zu ersparen.

Das hat einen guten Grund: Sie wissen, wie man debuggt. Wie man Fehler findet. Sie kennen Ihr Entwicklungssystem gut genug, und haben eventuell sogar ein paar Bücher zu dem Thema.
Das Debuggen von KI-Systemen kann jedoch durchaus etwas anders sein. Ich weiß aus eigener Erfahrung wie irritierend es sein kann, wenn man ein Buch liest, eifrig diverse neue Ideen ausprobiert, diese gleich in seine Programme einbaut und dann stundenlang nach Bugs sucht. Hier wird dies wohl nicht ganz verhindert, aber immerhin etwas eingeschränkt.

Sie sind noch da? Gut, dann fangen wir an. KI Code kann verflixt schwer zu lesen sein, und noch schwerer zu debuggen. Hier also ein paar Ideen.

3.1.1   Sechs Tipps

Erstmal ein paar ganz generelle Tipps, für Entwurf und Ausführung der KI Konzepte und Pläne. Viele kennen Sie sicherlich schon, aber eine Erinnerung ist immer eine gute Idee, und vielleicht finden Sie ja auch was Neues.

- *KISS:* Keep It Simple, Stupid! Das hier kennt jeder. Und jeder vergisst es dennoch immer wieder, also hier nur eine kleine Erinnerung: jede Routine muss so kurz und einfach wie möglich sein. Alle Funktionen sollen so kurz und einfach sein wie möglich – es ist deren Zusammenführung, welche dann ein komplexes Programm erstellt.

  Auch sollte man nicht im voraus denken „Ich baue das mal so, damit es noch viel mehr erweiterbar ist". Theoretisch eine gute Idee, in der Praxis wird es jedoch fast nie benutzt, und macht lediglich das momentane System unnötig komplexer. Auch wird das spätere Studium des Codes dadurch erschwert: „Warum ist das jetzt **so** formuliert?".
  Es genügt, möglichst viele kleine, einfache Bauteile zu erstellen, und diese dann zusammenzubinden. Spätere Änderungen und Erweiterungen werden dann doch deutlich einfacher.

- *Vielfalt:* kommt aus Daten, nicht vom Code. Daten (welche leicht zu ändern sind, und Benutzer freuen sich auch sehr über entsprechende Editoren) sollten Komplexität erstellen, während der Code selber so einfach wie möglich ist.

- *Papier:* Entweder Papier oder ein besonders großes Whiteboard: versuchen Sie es zuerst aufzuschreiben, skizzieren, mit Pfeilen zu verbinden. Ein schriftlicher Datenentwurf und Codeumriss[1] wird viele Fehler schon im Voraus aufspüren.

- *Timeout:* Nein, nicht (nur) in der Kommunikation, sondern in der Durchführung beliebiger KI Pläne: da ist dem Code einfach die Zeit ausgegangen. Wenn z.B. ein Pilot sein Flugzeug auch nach längeren Versuchen einfach nicht erreichen kann, sollte er etwas anders versuchen. Vielleicht hat der Spieler die Tür blockiert, und daher sollte der Pilot stattdessen versuchen, aus dem Fenster zu klettern

- *Vorausberechnung:* Je weniger das System während des Programmablaufes zu berechnen hat, desto besser. Falls genügend RAM zur Verfügung steht, könnte man z.B. die Ansicht aller Charaktere im Voraus berechnen. Oder die typischsten Pfade durch eine Karte per A* gleich am Programmstart berechnen.

- *Eine intelligente Welt:* Nicht nur die Charaktere sollten intelligent sein, auch der Umgebung passt so etwas gut. So ruft der Mülleimer selber die Müllabfuhr, falls er zu voll ist. Ein angegriffenes Gebäude ruft von selbst das Militär zur Hilfe. Der Seifenballon weiß, dass er bei Berührungen oder nach einer bestimmten Zeit platzen muss.

---

[1] Ja, ich habe tatsächlich gesehen, wie manche darauf bestanden, den *kompletten* Code vorher aufzuschreiben. Puuuuuh, man kann es auch wirklich übertreiben...

3.2 KI Diagnose und Debugging

KI ist typischerweise recht schwer zu debuggen; Sie werden ein oder mehrere solide Diagnose-Werkzeuge benötigen. Der Debugger in Ihrem System ist sehr nützlich, kann aber ein solches Werkzeug nicht ersetzen. Vor allem, wenn dieses Debugging-System fest eingebaut ist, und von Testern und Debuggern jederzeit verwendet werden kann, was deren Arbeit deutlich einfacher machen dürfte.

Es ist immer besser, wenn die eigenen Tester obskure Fehler ausgraben anstelle der Benutzer...

Also benötigen Sie ein umfassendes Menu. Am besten zwei: Befehle und Status.

3.2.1 Befehle

Diese ändern den Status des Programme, um bestimmte Zustände besser überprüfen und testen zu können. Eine kleine Liste, beliebig erweiterbar:

- *Entfernen* Entfernt einen beliebigen Teil der Programmwelt, sei es ein KI-Gegner, einen Wald oder eine Auswahlmöglichkeit.

- *Hinzufügen* Die umgekehrte Version: man kann ein beliebiges Objekt kopieren oder einfach einfügen. Dies erlaubt Versuche wie „*Reagiert die KI korrekt, wenn diese Tür von einem Kühlschrank blockiert wird?*"

- *Positionswechsel* Verschiebt ein beliebiges Objekt an eine beliebige Stelle. So können wir eine Tür schnell und einfach mit dem Kühlschrank blockieren – wie reagiert der nun eingesperrte Pilot darauf?

- *Unzerstörbar* Der Spieler (oder ein beliebiges anderes Objekt) kann keinen Schaden nehmen.

- *Einfrieren* Ein beliebiges Objekt kann sich nicht bewegen. Was passiert also, wenn wir einfach an der Wache vorbeigehen, die uns nicht erreichen kann? Kann man die bewachte Tür dennoch öffnen? Wenn nein, sollte man es erlauben, um das Spiel flexibler zu machen (der Spieler muss nicht immer mit Gewalt zuschlagen, er kann auch herumschleichen), oder muss doch erst der Wächter erledigt werden?

- *Blind/Taub* Den Dateninput für bestimmte Systeme regulieren: wird die Wache blind? Sieht der Rennwagen die Abkürzung nicht mehr? Kann der Frosch unser Lied nicht mehr hören?

- *Reset* Die KI vergisst alle gesammelten Daten, und darf damit von vorne anfangen: der Händler weiß nicht mehr, dass wir ihn betrogen haben, und somit ist sein Preis wieder normal. Das Raumschiff vergisst, dass wir seine Basis vernichtet haben. Die Ameise kennt den Weg zum Picknickkorb nicht mehr.

- *Status* Wir setzen den internen KI Status auf beliebige Werte, um Verschiedenes auszuprobieren. Ruft der Händler die Wache, wenn er denkt, dass wir ihn überfallen haben? Reagiert das Raumschiff korrekt, wenn ihm ein neuer Gegner zugewiesen wird?

- *Geschwindigkeitsänderung* So können wir entweder einen bekannten Teil sehr schnell passieren, oder Schritt für Schritt prüfen, ob ein bestimmtes Objekt sich wirklich korrekt verhält.

3.2.2   Status

Interne Daten sind bei der Fehlersuche oft sehr wichtig – entweder für ein ausgewähltes Objekt, oder einfach alle. Man kann die Daten entweder direkt im Programm anzeigen, oder ein zusätzliches Fenster voller Daten öffnen. Dies erlaubt dem Tester auch, beispielsweise zwei KI Objekte zu vergleichen.

- *ID* Zeige ID Nummer, Name, Zugehörigkeit etc. für jedes KI Objekt.

- *Status* Interne Werte wie Gewicht, Länge, Geschwindigkeit, Bremsweg, Bewaffnung, Fähigkeitsniveau, und so weiter.

- *Erweiterter Status* Komplexere interne Information wie z.B. Status der Pfadfindung.

- *Umgebung* Welche Daten stehen der KI zur Verfügung? Worauf konzentriert sich der Scharfschütze, was fühlt der Hai, kann der magische Baum unsere Schritte hören?

- *Pfad* Zeige sowohl den zurückgelegten als auch den geplanten Pfad an. Weicht die Kuh dem Tor eventuell zu weit aus? Ist der geplante Panzerweg zu ineffektiv? Welcher Teil der Karte wurde zur Berechnung des Pfades betrachtet?

3.3   Weiterführende Quellen

- *Why Programs Fail* von Andreas Zeller – ein gutes Buch über Debugging.
- *Head First Design Patterns* von Eric Freeman und anderen – sehr gute Art, Designs zu besprechen.
  Die Serie *Head First* ist sowieso generell empfehlenswert, in diesem Fall auch *Head First Software Development* von Dan Pilone.
- *Design Patterns* von Erich Gamma und anderen – Einführung zu Design Patterns.
- *The Pragmatic Programmer* von Andrew Hunt und anderen – eine gute Besprechung über Programmierung.
- *Death March* von Edward Yourdon – wie man es nicht übertreiben sollte.

Kapitel 4

Finite State Machine

Manchmal sind die Fragen kompliziert und die Antworten simpel.
Dr. Seuss

FSM ist ein wohl bekannter und oft verwendeter Algorithmus – nein, ich meine nicht das Flying Spaghetti Monster[1], sondern die *Finite State Machine*: ein System, welches sich immer in einem von mehreren vordefinierten Zuständen befindet. Diverse Aktionen verbinden diese Systeme, zusammen mit entsprechenden *StateEingang* und *StateAusgang* Funktionen. Diese Funktionen werden aufgerufen, wenn ein Zustand[2] beginnt bzw. endet.

Auf deutsch wird dieses System als **Endlicher Automat** bezeichnet, aber in sämtlichen Artikeln, Fachzeitschriften und den meisten Unis höre ich eigentlich primär nur **FSM**, also belassen wir es dabei. Generell möchte ich in diesem Buch hauptsächlich die gebräuchlichen englischen Ausdrücke verwenden, weil dies eine Suche nach weiterer Information einfacher macht.

FSM ist eigentlich eine ziemlich komplexes Sache. Ganze Bücher über dieses eine Thema gibt es – eine Anfrage bei *amazon.com* ergab eine Liste von 6,869 Büchern! Die allererste Version in der Liste zeigte sich mit fast 400 Seiten... autsch.

Aber keine Sorge – wir sehen uns hier eine kurze, einfache Version an. Diese ist oft bereits genügend, um eine nützliche Version des FSM zu erstellen. Es zeigt sich immer wieder (und frustriert die ‚echten' Experten auf dem Gebiet) dass eine sehr vereinfachte Betrachtung völlig ausreichend sein kann.

---

[1]http://en.wikipedia.org/wiki/Flying_Spaghetti_Monster
[2]Benutzen wir doch den englischen Ausdruck *State* – die deutsche Version *Zustand* oder *Status* sieht man hier eigentlich nie.

4.1   Beispiel: ein Safe

Statt einer langen (und langweiligen) Definition möchte ich einfach ein Beispiel geben:
ein Safe. Ein Safe ist entweder offen oder geschlossen, und man kann ihn entweder öffnen
oder schließen – entsprechend hat er zwei States:

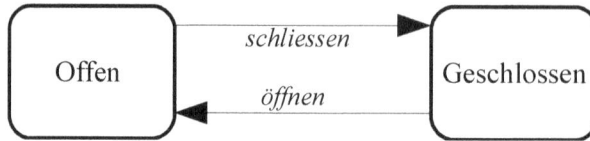

Abb. 4.1: *Die zwei States eines Safes*

Nehmen wir an, der Safe befindet sich im State *Offen*. Wenn wir ihn jetzt schließen,
wird erst die Funktion *Safe.Offen.StateAusgang* ausgeführt (z.B. quietscht der Safe),
danach *Safe.Geschlossen StateEingang* (z.B. knallt die Tür zu), und daraufhin befindet
sich der Safe im State *Geschlossen*.

Der Trick hinter einem Safe ist natürlich, dass er verschlossen werden kann, also benötigen wir einen weiteren State: *Verriegelt*.

Abb. 4.2: *Drei States eines Safes*

Um den Safe schließen zu können, muss er geöffnet sein. Um ihn zu öffnen, muss er
geschlossen sein – und entriegelt. Im offenem Zustand kann er nicht verriegelt sein.

4.2   Beispiel: Katzen

Ein weiteres, etwas komplexeres Beispiel wäre die typische europäische Hauskatze. Wir
wissen alle, dass dieses wunderbare, geliebte Tier eigentlich nur relativ einfache Dinge
unternimmt: entweder sie schläft, bettelt um Futter, frisst, oder wird von Hunden gejagt.

Das sieht dann so aus:

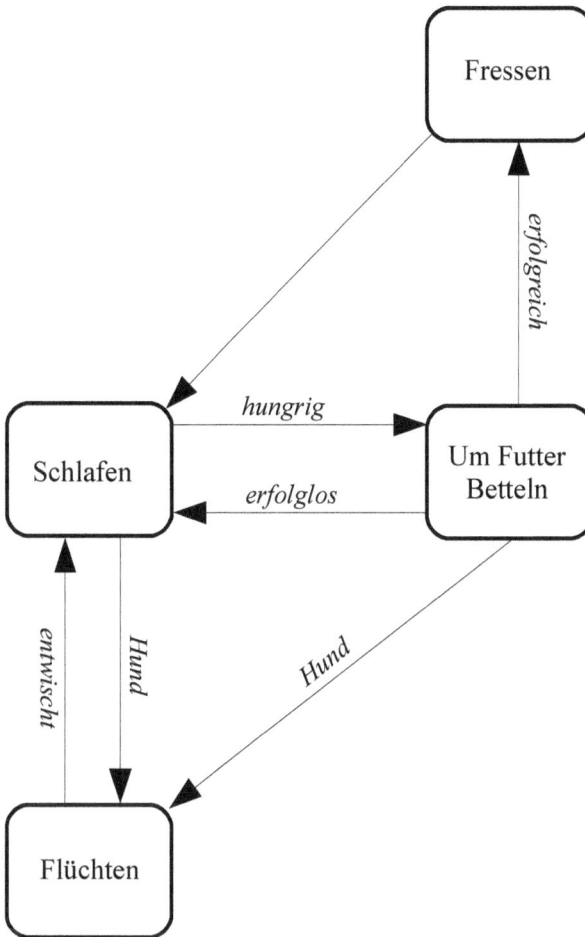

Abb. 4.3: *Katzen States*

Wie Sie sehen, frisst die Katze anscheinend auf dem Tisch, und kann dort nicht von Hunden gejagt werden.

Und es ist nicht allzu kompliziert, einen weiteren State hinzuzufügen: Mäuse! Beschäftigt sich unsere Katze mit Fresschen oder Hunden, wird sie Mäuse ignorieren, aber ein Mäusequietschen würde sie aus dem Schlaf reißen und zur Mäusejagd führen:

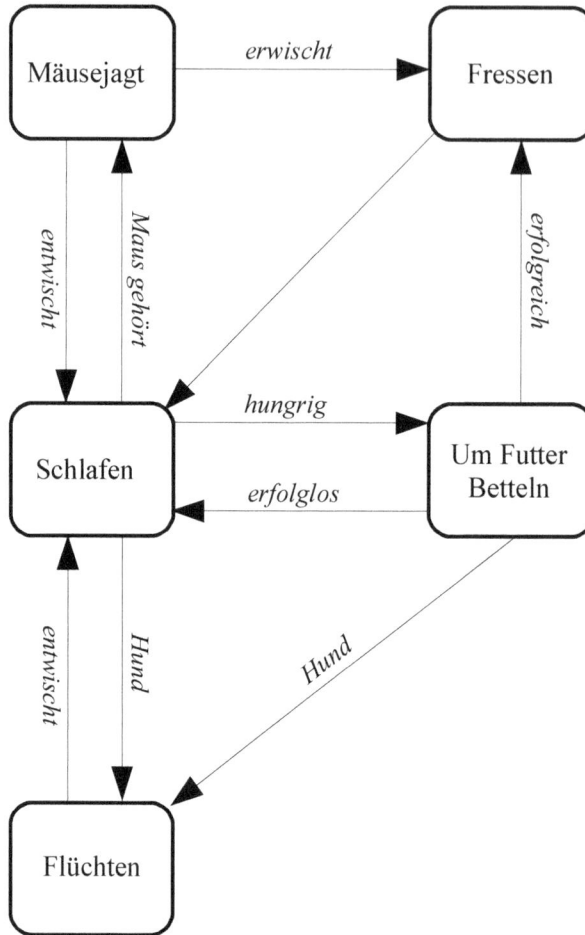

Abb. 4.4: *Erweiterte Katzen States*

Eine solche FSM wird also immer wieder aufgerufen, um die Ablaufroutine im momentanem State auszuführen. Im State *Schlafen* z.B. testet das System, ob die Katze hungrig ist (die Hunger-Variable wird langsam inkrementiert, bis sie einen bestimmten Wert erreicht hat, und die Katze aufwacht), oder ob sich ein Hund in der Nähe befindet.

4.3   Implementierung

Wie oft eine solche Routine aufgerufen wird, hängt vom Objekt selber ab, und teilweise auch von der Distanz zum Spieler. Befindet sich die Katze im gleichem Raum, wird die FSM eventuell alle Zehntelsekunde aufgerufen, ist sie im Nachbarhaus, genügt womöglich 1x pro Sekunde oder gar weniger.

Ein State kann sich durchaus auch selber aufrufen. Beispiel: im Zustand *Schlafen* könnte die Katze kurz aufwachen. Also *Schlafen.StateAusgang*: aufstehen und strecken. Dann sofort wieder *Schlafen.StateEingang*: hinlegen und zusammenrollen.

Zur vollständigen Definition einer FSM müssen wir auf Folgendes achten:

- Eine beliebige Anzahl State sind möglich, aber es gibt immer nur einen *Momentanen State*.
- Weitere States können leicht definiert und eingebunden werden.
- StateEingang: rufe Eingangsfunktion zum initialisieren.
- StateAusgang: rufe Ausgangsfunktion zum aufräumen.
- Was wird für eine State-Änderung benötigt?
- Ein State kann sich auch selber aufrufen – dies löst dann lediglich die Funktion *StateAusgang* auf, gefolgt von *StateEingang*.
- Reaktion auf Input: auf manchen Input reagieren wir immer (z.B. Abbruch), auf andere nur in bestimmten States.
- Dito geht es mit dem Update Tick in einem Echtzeit-Computerspiel: nicht alle States reagieren darauf.
- Zum Debuggen kann es sehr nützlich sein, ein Log über States-Änderungen und deren Auslösung zu erstellen.

Es ist oft eine gute Idee, einem Objekt mehrere FSM zu verpassen. So kann z.B. ein Charakter im Spiel mehrere Gehirne bzw. FSM gebrauchen: eines zum Entscheidungstreffen, ein zweites zum Navigieren, ein drittes für den Nahkampf, usw.

Typischerweise ist es auch sehr nützlich, die FSM Definitionen extern zu speichern anstelle im Code selbst. Nicht nur lässt sich dies schneller und einfacher ändern, sondern erlaubt den Benutzern womöglich auch, diese zu modifizieren bzw. neue zu erstellen. Über erweiterbare Systeme (und Spiele!) freuen sich die Benutzer sehr, und es ist erstaunlich, was denen teilweise dabei gelingt.

4.4 Vorteile

FSMs werden gerne und viel benutzt – von Spielen wie Quake bis hin zur Robotersteuerung findet man so was. Die Vorteile sind:

- Einfach: Einfach zu verstehen, einfach zu implementieren, einfach zu erweitern.
- Flexibel: es gibt viele verschiedene Methoden, FSMs zu implementieren.
- Vorhersehbar, und entsprechend leicht zu testen.
- Wird schon recht lange verwendet, und so finden sich überall Beispiele.

4.5 Nachteile

Wie immer finden sich natürlich auch ein paar Nachteile:

- Vorhersehbar, ergo für manche Spiele-Situationen ungeeignet.
- Zu große Systeme können sich schnell in ‚Spaghetti-Code‘ verwandeln. Man muss sehr darauf achten, dass die Skizzierung übersichtlich bleibt.
- Alle möglichen States müssen vorher bekannt sein; das System kann nicht mit unvorhergesehenen Situationen fertig werden.

4.6 Weiterführende Quellen

- *http://en.wikipedia.org/wiki/Finite_state_machine* – deutlich besserer Artikel als im deutschen Wikipedia.
- *http://lamsonproject.org/docs/introduction_to_finite_state_machines.html* – eine freundliche, einfache Einführung.
- *http://www.youtube.com/watch?v=Bk4sUiuWdQ8* – eine interessante Vorlesung zum FSM.

Kapitel 5

Needs-Based AI

Die Welt hat genug für jedermanns Bedürfnisse,
aber nicht für jedermanns Gier.
Mahatma Gandhi

Auf Deutsch würde man dieses Konzept als ‚Bedarfsorientierte KI' bezeichnen – aber auf Google findet sich dazu (noch?) nicht *ein* passender Eintrag. Gehen wir also davon aus, dass man dieses Konzept nur unter seinem englischen Namen kennt.

5.1   Einführung

Dieses relativ neue System der Künstlichen Intelligenz der Charaktere findet sich inzwischen in mehreren Spielen, wurde aber besonders durch das Spiel *Die Sims* bekannt, welches Menschen in ihren Häusern simuliert. Dies sorgte dafür, dass Menschen in ihren Häusern sehr viel Zeit am Computer verbrachten, um simulierten Menschen in ihren Häusern zu beobachten. Und ja, die Simulation enthielt auch Computer...

Das Konzept basiert auf Agenten, welche Bedürfnisse haben. Diese Bedürfnisse können durch Objekte in ihrer Umgebung befriedigt werden. Beispielsweise könnte der Agent *Katze* das Bedürfnis *Schlaf* haben, und sieht in seiner Umgebung das Objekt *Sofa*, welches dieses Bedürfnis verbessern kann, falls er sich dort hin bewegt, und das Objekt benutzt.

Das System ist relativ einfach, sehr flexibel und leicht zu erweitern. Dazu benötigt es auch typischerweise nicht viel CPU-Zeit.

5.2   Agent

Der Agent ist ein NPC (**N**on-**P**layer **C**haracter) im Computerspiel: der Nachbar neben-
an, der Revolvergegner im Western, oder der Barkeeper im Rollenspiel.

5.2.1   Bedürfnisse

Simulieren wir beispielsweise den Agenten *Mensch* in seiner Wohnung. Dieser hat die
Bedürfnisse *Hunger*, *Durst*, *Müdigkeit* und *Langweile*. In seiner Umgebung finden sich
die Objekte *Ofen*, *Kühlschrank*, *Bett* und *Computer*, um diese Bedürfnisse zu befriedigen.

Das momentane Benehmen des Agenten *Mensch* orientiert sich am wichtigsten Bedürfnis, z.B. *Langweile*. Entsprechend geht er zum Objekt *Computer*, setzt sich davor und
beschäftigt sich. Dadurch sinkt *Langweile*, aber die anderen Bedürfnisse steigen langsam
an. Nach einer Weile ist *Müdigkeit* hoch genug, dass es sich lohnt aufzustehen und das
Objekt *Bett* aufzusuchen.

Im Detail sieht das so aus: der Agent hat vier Bedürfnisse, welche aus *Name* und *Wert*
bestehen, z.B.:

Name	Wert
Hunger	0,7
Durst	0,2
Müdigkeit	0,4
Langweile	0,1

Der Wert liegt zwischen 0,00 (gar nicht) und 1,00 (sehr stark).
Dieser Agent ist also ziemlich hungrig, kaum durstig, nicht sonderlich müde und nicht
gelangweilt.

Hier lässt sich auch einstellen, wie schnell diverse Bedürfnisse steigen. Bei einem Viel-
fraß wird *Hunger* am schnellsten ansteigen, bei einem Faulpelz *Müdigkeit*, und bei einem
Säufer wird *Durst* zügig wachsen.
So können leicht NPCs mit unterschiedlichem Charakter erstellt werden.

Alle Werte sollte sich über Zeit in die gleiche Richtung bewegen. Beim Faulpelz steigt
also entweder die Müdigkeit, oder die Wachheit sinkt. In unserem Beispiel steigen alle
Werte (langsam?) auf.

Es ist oft eine gute Idee, dass Agenten mitteilen, was sie gerade planen. So findet sich
im Spiel *Die Sims* eine kleine Denkblase, wenn der Agent hungrig ist. Dies erklärt seine
nächsten Aktionen und lässt ihn noch intelligenter erscheinen.

5.2.2   Befriedigung

Es gibt zwei Methoden, das momentan wichtigste Bedürfnis zu finden:

- **Wert**: Wir wählen automatisch das Bedürfnis mit dem höchsten Wert, in diesem Fall *Hunger*.

- **Schwellenwert**: Wir können jedem Bedürfnis einen Schwellenwert zuordnen – erst wenn dieser überschritten wird, wird das Bedürfnis überhaupt beachtet. Ein globaler Schwellenwert von 0,4 würde dafür sorgen, dass lediglich *Hunger* und *Müdigkeit* von Interesse sind.
  Besser sind jedoch individuelle Schwellenwerte: beispielsweise findet *Müdigkeit* bei sehr faulen Agenten einen Schwellenwert von 0,3. Hat *Hunger* einen Schwellenwert von 0,8 würde dieser Agent also eher das Objekt *Bett* aufsuchen, weil bei ihm tatsächlich nur die Müdigkeit den Schwellenwert überschritten hat.

Nehmen wir an, dass das höchste Bedürfnis jetzt *Hunger* ist. Sobald ein entsprechendes Objekt (wie z.B. *Schokolade*) aktiviert (in diesem Beispiel: verzehrt) wird, wird das Bedürfnis gesenkt.
Es muss darauf geachtet werden, dass der Agent das Bedürfnis genügend absenkt. Wird der Hunger nur knapp unter seinen Schwellenwert gesenkt, würde der Agent sehr bald wieder auf Essenssuche gehen müssen. Entsprechend sollte der Agent lange genug essen, um das Bedürfnis unter einen zweiten, deutlich niedrigeren Schwellenwert zu senken.
Dies nennt sich **Hysterese** – laut Wikipedia „Fortdauern einer Wirkung nach Wegfall ihrer Ursache". Es erklärt auch, warum Menschen mehr essen, als sie momentan benötigen[1].

Momentan weniger wichtige Bedürfnisse können auch nebenbei erledigt werden.
Sehen wir uns einen Agenten in einem FPS Ballerspiel an: er verbraucht Munition, und hat entsprechend ein *Munition* Bedürfnis. Hat er sehr viel Munition, ist dieses Bedürfnis klein; findet sich aber ein Munitionskasten auf seinem geplanten Weg, sollte er ihn durchaus aufheben.
Je größer das Bedürfnis nach Munition ist, desto mehr Umweg wird der Agent in Kauf nehmen, um Munition einzusammeln. Erst wenn das Bedürfnis *Munition* seinen Schwellenwert überschreitet, ändert der Agent sein Benehmen, und fängt an, aktiv nach Munition zu suchen.

Hier findet sich gleich noch ein einstellbarer Schwellenwert: ab wann ist der Agent mit der gefundenen Menge Munition zufrieden und kann sich wieder um Wichtigeres kümmern? Findet sich nach längerer Suche keine weitere Munition, muss die Suche abgebrochen werden – sonst würde der Agent ziellos durch die leeren Räume hetzen, obwohl sein Bedürfnis nirgends mehr befriedigt werden kann.

Finden sich keine zu bearbeitenden Bedürfnisse (alle unterhalb des entsprechenden Schwellenwertes), so wird ein Default-Bedürfnis durchgeführt. So findet sich ein Schmied

---

[1]Nein, dies ist leider keine Ausrede für meinen überdimensionierten Bauch...

je nach Tageszeit bei der Arbeit am Amboss, mit einem Bier in der Kneipe relaxen, geht spazieren oder legt sich in die Heia.

An diesem Beispiel sieht man übrigens auch, dass Objekte nicht unbedingt sichtbar sein müssen: hier wird das Default-Bedürfnis des Schmiedes vom Objekt *Tageszeit* gesteuert.

5.2.3   Aufträge

Agenten haben einen Auftragsstapel. Dieser enthält eine Liste aller abzuarbeitenden Aufgaben; wird der Ballerspiel-Agent bei der Munitionssuche unter Feuer genommen, kommt *Flucht* auf den Auftragsstapel und ersetzt *Munition suchen* als oberste Priorität.
Ist die Flucht erfolgreich, wird sie vom Stapel entfernt, und die Munitionssuche erscheint erneut.

Auch findet sich hier die Liste durchzuführender Aktionen welche von einem Objekt vorgesetzt werden, bevor die Belohnung erteilt wird. Dazu können Notfälle auch noch Aktionen auf den Auftragsstapel forcieren:

Vor Einbrecher flüchten
Kühlschrank öffnen
Essen finden
Schlafen

5.3   Objekt

Objekte bieten an, Bedürfnisse zu senken, und erwarten dafür Aktionen.
Hier kann es sich durchaus um eine Liste von Aktionen handeln, welche andere Objekte benötigen bzw. erstellen.

5.3.1   Aktionen

Möchte der Agent sein Bedürfnis *Hunger* befriedigen, bietet der Kühlschrank diese Möglichkeit an.

Auszuführende Aktionen sind:

- Tür öffnen
- Essen entnehmen
- Essen in Ofen stellen
- Ofen starten
- Tisch decken

- Essen aus Ofen auf den Tisch
- Hinsetzen
- Essen

...und dann erst wird *Hunger* befriedigt.

Es geht allerdings auch anders: so würde ein Objekt behaupten, ein Bedürfnis befriedigen zu können. Dies tut es jedoch nicht, sondern erstellt ein Objekt, welches dasselbe behauptet und eine höhere Priorität enthält.
Sehen wir uns den Kühlschrank erneut an. Er erwartet lediglich diese Aktionen:

- Tür öffnen
- Essen(ungekocht) entnehmen

Jetzt ist das Bedürfnis *Hunger* noch nicht erfüllt, aber das besonders interessante Objekt *Essen(ungekocht)* verspricht Abhilfe, falls:

- Essen(ungekocht) in Ofen stellen
- Ofen starten
- Tisch decken

Nun findet sich im Ofen *Essen(gekocht)*, welches folgende Aktionen erwartet:

- Essen(gekocht) aus Ofen auf den Tisch
- Hinsetzen
- Essen

Und dies befriedigt endlich das Bedürfnis *Hunger*.

Auch erlaubt dies komplexe Interaktionen zwischen NPCs, welche sehr einfach definiert werden können.

Betrachten wir den Agent *Barkeeper* mit dem Bedürfnis *Geld*. Er steht also hinter der Theke, woraufhin sich das Objekt *Kunde*[2] nähert. Dieses Objekt bietet *Geld*, falls der Agent das Objekt *Glas(voll)* liefern kann. Nun wird der Auftragsstapel erweitert: auf das Bedürfnis *Geld* kommt *Glas(voll)*, und wird somit zuerst bearbeitet.
Das ganz in der Nähe befindliche Objekt *Bierfass* wird daraufhin interessant: es bietet *Glas(voll)*, besteht aber darauf, das Objekt *Glas(leer)* vorgesetzt zu bekommen.
Also findet sich jetzt ganz oben im Auftragsstapel das Bedürfnis *Glas(leer)*. Entweder sieht der Agent so ein Objekt in der Bar, oder es steht dort nur das Objekt *Glas(schmutzig)*. Dieses Objekt bietet jedoch *Glas(leer)* an, wenn es gewaschen wird...

---

[2]Natürlich kann es sich hier auch um einen weiteren Agent handeln, mit seinen eigenen Bedürfnissen.

Objekte können für unterschiedliche Agenten verschiedene Möglichkeiten anbieten. Das Objekt *Buch* bietet für Erwachsene *Langweile senken* an, für kleine Kinder jedoch *Demolierbares Spielzeug*. Ebenso kann sich die Aktionsliste ändern: der oben erwähnte Kühlschrank verlangt von Agent *Katze* lediglich:

- Davorsetzen
- Miauen

5.3.2 Änderungen

Aktionen können leicht unterbrochen werden. Wurde zum Beispiel das Objekt *Essen(gekocht)* erstellt und die Türklingel läutet, kann der Agent erst zur Tür gehen, bevor er in die Küche zurückkommt, und sich weiter mit *Essen(gekocht)* beschäftigt. Vergeht zu viel Zeit, kann sich das Objekt *Essen(gekocht)* in *Essen(verbrannt)* verwandeln, welches wieder eine andere Aktionsliste verlangt.

Wird das Objekt *Auto* gereinigt, kann die Aktion unterbrochen werden, um später wieder aufgenommen zu werden. Der Objektwert *Auto.Verschmutzung* ändert sich während der Reinigung langsam, woraufhin ein Wiederaufnehmen der Reinigungsaktion schneller fertig wird.

5.3.3 Suche

Die Suche nach Objekten hängt vom System ab. So weiß die kleine Tochter bereits, wo *Kekse* versteckt sind, während der Abenteurer erst das Verlies durchsuchen muss, bevor er sein Bedürfnis *Gold* befriedigen kann.

Entsprechend kann ein Agent eine Liste erforschter Objekte erstellen: wird der Brunnen im Dorf gefunden, kann das Bedürfnis *Durst* dort gesenkt werden. Nachdem die Kneipe entdeckt wurde, gibt es schon zwei Orte dafür.
So kann der Agent später überlegen, wo er *Durst* befriedigen kann. Dies kann von seinem Charakter abhängen („Wozu Wasser, wenn es Bier gibt!") oder von der Distanz („Die Kneipe ist doch 7 km entfernt, und der Brunnen findet sich gleich hier...").

5.3.4 Aktive Objekte

Objekte können sich mit der Zeit auch ändern.
Das Objekt *Computer* bietet *Kommunikation* und *Spiele* an, aber nach einer Weile ändert sich sein Status auf *Absturz*, und muss entsprechend bearbeitet werden, bevor es wieder nützlich ist. Das Bierfass hat als Status eine gewisse Füllmenge, welche später auf *Leer* umsteigt. Oder der Herd: hier finden sich *Essen zubereiten*, *Bitte reinigen* oder *Defekt*.

Auch können Objekte bei Agenten Bedürfnisse erst auslösen.

So können in einem Rollenspiel diverse Objekte (wie der Spieler, andere NPCs, oder ‚normale' Objekte wie Skelette oder Blumen) Bedürfnisse triggern wie:

- Hass (Aktion: Töten)
- Angst (Aktion: Flüchten)
- Liebe (Aktion: Bewundern)

Die durchzuführende Aktion hängt damit vom Agenten ab. So reagieren Zombies überhaupt nicht auf *Angst* und *Liebe*, was einiges erklären dürfte.

Auch kann die Aktion vom Zustand des Agenten abhängen: so könnte *Hass* in *Angst* wechseln, je nach Größe oder Gesundheit des Gegners. Manche Agenten hingegen hassen alles Grünzeug, während andere bewundernd vor den großen Bäumen stehen bleiben...

5.3.5   Effekt

Während im Haus das Objekt *Kühlschrank* einen gleichmässigen Wert zeigt, kann die Wichtigkeit anderer Objekte von der Distanz abhängen.

Beispielsweise kann *Schlange* Angst auslösen und die Aktion *Flucht* bewirken. Dies wäre distanzabhängig: das Objekt *Schlange* im selben Zimmer würde im Agent eine Flucht durch das Fenster auslösen, während *Schlange* im 40 m Entfernung lediglich leichtes Interesse wecken würde.

Die Position von *Schlange* hat auch großen Einfluss: findet es sich in einem Käfig, werden nur wenige Agenten ängstlich reagieren.

Oder sehen wir uns das Objekt *Geld* an: auf der Straße liegend löst es großes Interesse aus, in einem (fremden) Banksafe interessiert sich lediglich der Agent *Bandit* dafür, und kein Agent interessiert sich für die Information, dass 20 Cent im Nachbardorf auf der Straße liegen.

Das Interesse an einem Objekt kann auch vom Objektstatus abhängen. Der NPC *Kobold* ist klein und schlecht bewaffnet – entsprechend fürchtet er sich vor dem Objekt *Spieler*. Ist der Spieler jedoch verletzt, oder es befinden sich genügend andere Kobolde in unmittelbarer Umgebung, kann sein Interesse ansteigen.

Hier kann man auch gleich einen Gruppenstatus implementieren: der Kobold weigert sich, einen Spieler in gutem Zustand anzugreifen. Greift jedoch der (mutigere) Koboldanführer an, sinkt die Gefährlichkeit des Spielers, und die anderen Kobolde greifen ebenfalls an.

Wird im folgenden Kampf der Anführer getötet, löst dies wieder *Angst* aus (falls der Spieler nicht inzwischen genügend beschädigt wurde), oder auch die Aktion *Berserk*, was dem Spieler Probleme bereiten dürfte.

5.3.6   Erweiterung

Korrekt implementiert, kann es sehr einfach sein, die Liste verfügbarer Objekte zu erweitern. Wenn Objekte sämtliche benötigten Daten enthalten, erlaubt dies zum Beispiel, einem Rollenspiel weitere Gegner und Schätze hinzuzufügen, ohne den Programmcode selbst ändern zu müssen.

Es erlaubt Ihnen, ein fertiges Programm herauszubringen, welches peu à peu durch Erweiterungen noch mehr verbessert wird. Auch könnten die Benutzer eventuell eigene Erweiterungen erstellen, was für Enthusiasmus (und bessere Verkaufszahlen) sorgt.

In Objekten sollte sich entsprechend Folgendes finden:

- **Initialisierung**: Wie erscheint das Objekt, was muss durchgeführt werden, sobald es erscheint? (Aller Code im Objekt kann als einfacher, vom Primärsystem interpretierbarer Code implementiert werden).

- **Aktionscode**: Was tut das Objekt?

- **De-Initialisierung**: Was passiert, wenn das Objekt verschwindet oder zerstört wird?

- **Angebot**: welche Bedürfnisse würde dieses Objekt befriedigen?

- **Data**: Aussehen, Animation, Texturen, etc.

5.4   Weiterführende Quellen

- *http://de.wikipedia.org/wiki/The_Sims* – Generelle Information über Die Sims.
- *http://en.wikipedia.org/wiki/The_sims_3* – Genaue Info über die neueste Version.
- *http://www.gamasutra.com/view/feature/3110/designing_needbased_ai_for_.php* – Gute generelle Einführung.
- *Game Programming Gems 8, Seite 382* – Diese Bücher sind (alle) sehr nützlich und empfehlenswert, und hier findet sich ein guter Artikel zum Thema.

Kapitel 6

Fuzzy Logic

*Fuzzy Theorie ist falsch, falsch und verderblich. Was wir brauchen ist mehr
logisches Denken, nicht weniger. Die Gefahr der Fuzzy Logic ist dass es
die Art von ungenauem Denken fördert, die uns so viel Ärger gebracht
hat. Fuzzy Logic ist das Kokain der Wissenschaft.*
Prof. W. Kahan, UC Berkely, 1975

Inzwischen hat sich Fuzzy Logic (unscharfe Logik) jedoch durchgesetzt: von Kühlschränken und Waschmaschinen über Zementwerke bis hin zur vollautomatischen U-Bahn in Sendai, Japan, findet man Fuzzy Logic. Und natürlich in Computerspielen.

Auf deutsch manchmal **Fuzzylogik** genannt, handelt es sich hier um eine nützliche Erweiterung der True/False Binärlogik.

6.1   Einführung

Fuzzy Logic kann mit ungefähr-Werten umgehen, wie man es aus Gesprächen kennt: „Die Reifen sind okay", „Der Sack enthält etwa 50 kg" oder „Sie ist noch sehr klein".

In der Binärlogik gehört ein Objekt entweder zu einem Set[1] oder nicht. In Fuzzy Logic jedoch hat ein Objekt einen gewissen Grad von Zugehörigkeit; statt *Ist nicht im Set* haben wir z.B. ein *Ist ein wenig im Set.*

Auch löst sich hier ein klassisches Problem der Logik: ich sage „Ich bin ein Lügner". Wenn ich wirklich ein Lügner bin, sage ich damit die Wahrheit – und bin kein Lügner. Aber weil ich behaupte, ein Lügner zu sein, lüge ich ja doch...

---

[1]Wird auf Deutsch natürlich *Menge* genannt, aber die meisten Programmierer benutzen den englischen Ausdruck *Set.*

Diesen Widerspruch kannten schon die alten Griechen, denn in der klassischen Binärlogik ist man entweder ein Lügner oder nicht.

In der unscharfen Fuzzy Logic hingegen kann man beides sein: anscheinend gehöre ich ein
wenig zum Set *Lügner*, bin aber auch im Set *Nicht Lügner* vertreten. Vielleicht gehöre
ich ja zu 10 % zum Set *Lügner*, und gleichzeitig zu 90 % zum Set *Nicht Lügner*. Auch
wenn diese Aussage diskussionswürdig sein könnte, löst es dennoch dieses klassische
Problem der Logik.

6.2   Beispiel: Intelligenz

Als schlaues Beispiel der Fuzzy Logic sehen wir uns mal Intelligenz an. Wir definieren
Werte zwischen 70 und 130 in drei Sets (Doof, Normal, und Schlau):

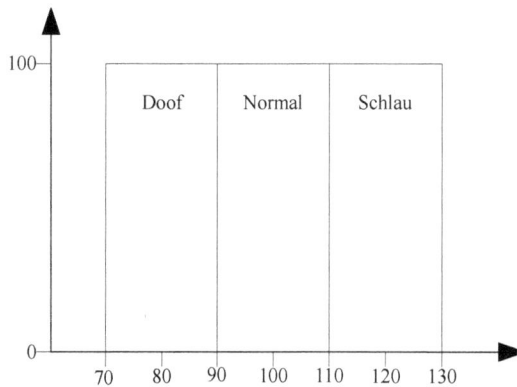

Abb. 6.1: *Scharfe Trennung*

Mit dieser Definition haben wir jedoch Probleme: jemand mit einem IQ von 109 wird
vermutlich als ‚recht schlau' angesehen. Laut dieser Definition ist er jedoch im selben
Set wie jemand mit 91, der eher als ‚bisschen doof'bekannt sein dürfte.

Was uns fehlt, ist ein gleitender Übergang.

Probieren wir's also mal so:

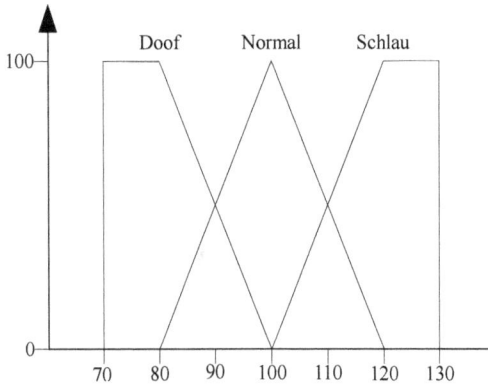

Abb. 6.2: *Fuzzy Trennung...*   **Abb. 6.3:** *...mit Beispiel für 115*

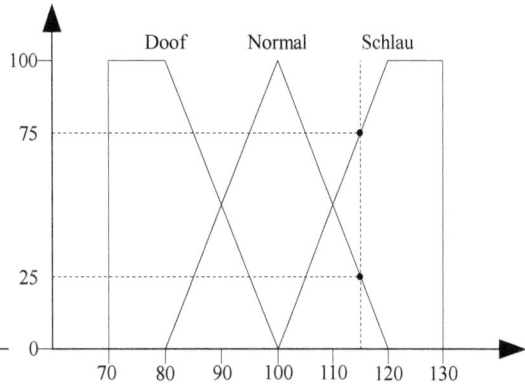

Viel besser.

Ein Mitarbeiter mit einem IQ von 115 wird z.B. als ‚ziemlich schlau' betrachtet. In unserem System hieße das, dass er zu 25 % zum Set *Normal* gehört, und zu 75 % nach *Schlau*.

Der Übergang ist nun tatsächlich sauber gleitend: je höher die Intelligenz, desto weniger *Normal* ist man, und desto mehr *Schlau*.

Vorsicht: es handelt sich **nicht** um Wahrscheinlichkeit (*Dieser Mitarbeiter hat eine 75 % Chance, schlau zu sein*), sondern es definiert einfach dass er zu 75 % zu *Schlau* gehört, und zu 25 % zu *Normal*.

So. Das ist ja alles ganz nett und sinnvoll, aber wieso interessiert uns so was?

6.3   Beispiel: Die Wache

Die Nützlichkeit sehen wir sofort an einem weiterem Beispiel: wir programmieren in unserem Spiel eine Wache, welche vor einem Tor steht. Tauchen Gegner auf, kann diese Wache auf drei Weisen reagieren:

- Flüchten
- In Deckung gehen
- Angreifen

6.3.1 Eingangswerte

Die Reaktion hängt von drei Eingangswerten ab:

- Munition (kann *Wenig*, *Okay* oder *Viel* sein)
- Gesundheit (ist *Schlecht*, *Okay* oder *Gut*)
- Anzahl Gegner (entweder *Wenige*, *Einige* oder *Viele*)

Alle Eingangswerte werden wie oben als Fuzzy Sets definiert:

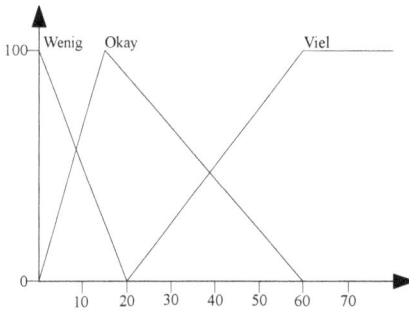

Abb. 6.4: *Munition*

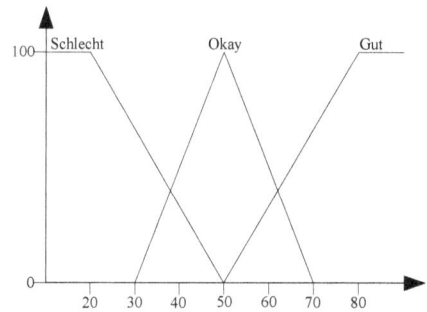

Abb. 6.5: *Gesundheit*

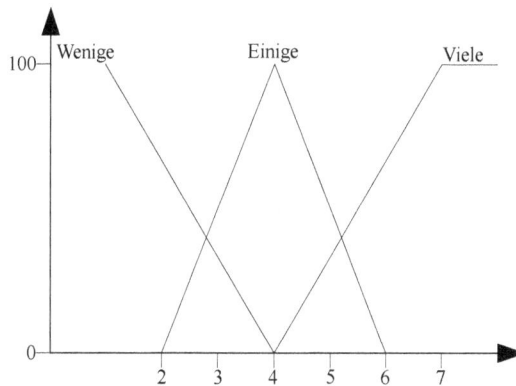

Abb. 6.6: *Gegner*

Die Definition dieser Sets kann man dank der graphischen Darstellung recht schnell und einfach durchführen – es wird keinerlei Programmiererfahrung benötigt, wodurch man auch leicht Hilfe von entsprechenden Experten bekommen kann.

Auf zwei Kleinigkeiten sollte man jedoch achten:

- Jede vertikale Linie hier sollte auf maximal zwei Sets treffen – ergo, ein Set sollte immer nur in *ein* anderes Set übergehen.
- Man bekommt einen besonders sauberen Übergang zwischen den Sets, wenn die Summe der überlagerten Werte der beiden Sets immer in etwa 100 ergibt.
  Als Beispiel siehe Abbildung 6.2 auf Seite 29.

6.3.2   Verhalten

Nun kann man das Verhalten der Wache bequem festlegen:

Wenn (Munition = Viel) und (Gesundheit = Gut) und (Gegner = Wenige): Angreifen.
Wenn (Munition = Viel) und (Gesundheit = Gut) und (Gegner = Einige): Angreifen.
Wenn (Munition = Viel) und (Gesundheit = Gut) und (Gegner = Viele): Deckung.
Wenn (Munition = Viel) und (Gesundheit = Okay) und (Gegner = Wenige): Angreifen.
⋮

Ooops. Das liest sich zwar gut und ist sehr leicht verständlich, aber die Anzahl dieser Regeln steigt steil mit der Anzahl von Eingangswerten. Momentan sind das schon 27 (3^3), aber wenn wir z.B. noch einen Vierten einbauen wollen („Waffenreichweite"), sind es schon 81 (3^4) Regeln. Vielleicht noch „Alkoholkonsum" und „Laune"? 729 (3^6).

Definieren wir also das Verhalten lieber nach der *Combs-Methode*[2]. Diese ist vielleicht nicht ganz so genau, liefert aber *sehr* ähnliche Resultate, und ist so viel kürzer, dass es sich wirklich lohnt: anstelle einer langen Reihe von Regeln im Stil von *Wenn A und B und C dann X* erstellen wir zu jedem Eingangswert das gewünschte Verhalten, und kombinieren nachher die Resultate.

Nach Combs definieren wir das Verhalten der Wache z.B. wie folgt:

Munition	Wenig: Flüchten	Okay: Deckung	Viel: Angreifen
Gesundheit	Schlecht: Flüchten	Okay: Angreifen	Viel: Angreifen
Gegner	Wenige: Angreifen	Einige: Deckung	Viele: Flüchten

---

[2]Entwickelt von Dr. W. Combs in 1997

6.3.3 Reaktion

Jetzt haben wir also das Verhalten der Wache festgelegt. Wie berechnen wir aber nun die Reaktion? Nun, zuallererst müssen wir die möglichen Reaktionen (also *Flüchten*, *Deckung* und *Angreifen*) auch als Fuzzy Sets darstellen:

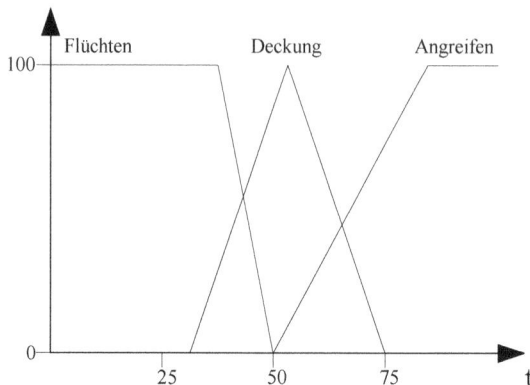

Abb. 6.7: *Reaktionen*

Hier wird auch gleich der Charakter der Wache definiert – in diesem Fall handelt es sich anscheinend um einen ziemlichen Feigling, der oft vorsichtshalber flüchtet und sich mit dem Angreifen gerne zurückhält.

6.3.4 Anwendung

Als nächstes führen wir die Combs-Methode aus, leiten die Resultate an den Charakter der Wache weiter, und bekommen schlussendlich eine keineswegs unscharfe Zahl zwischen 0 und 100, welche den Ausgangswert, also die endgültige Entscheidung darstellt.

Hier also ein Beispiel: die Wache hat **50** Schuss Munition, eine Gesundheit von **75**, und wird mit **5** Gegnern konfrontiert. Mittels den Definitionen der Fuzzy Eingangswerte von Seite 30 finden wir die Bedeutung dieser Werte.

Munition 50	Wenig: Flüchten: −	Okay: Deckung: 22	Viel: Angreifen: 75
Gesundheit 75	Schlecht: Flüchten: −	Okay: Angreifen: −	Gut: Angreifen: 83
Gegner 5	Wenige: Angreifen −	Einige: Deckung: 50	Viele: Flüchten: 32

Man sieht das Resultat recht deutlich an diesen Grafiken: z.B. zeigt sich auf der Kurve
‚Munition: 50' ein Schnitt in ‚Okay'(22) und ‚Viel'(75):

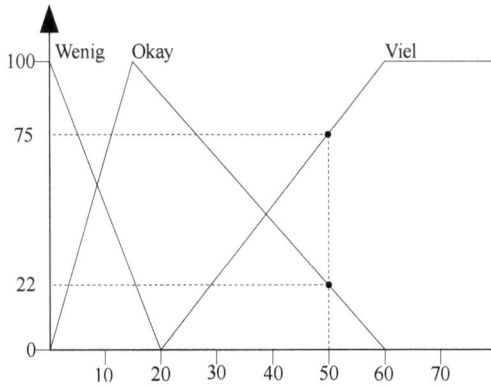

Abb. 6.8: *Munition: 50*

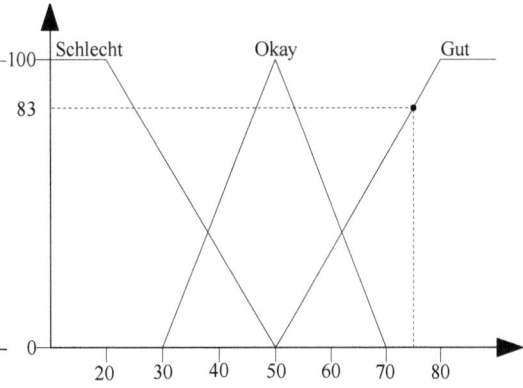

Abb. 6.9: *Gesundheit: 75*

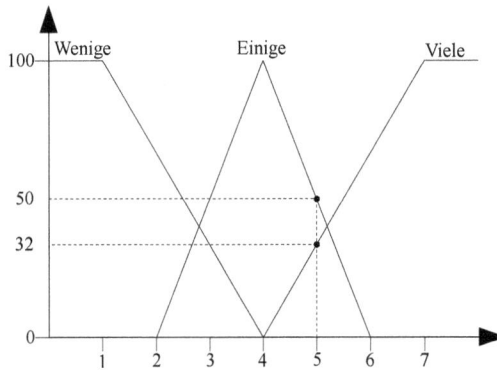

Abb. 6.10: *Gegner: 5*

Somit haben wir zu den möglichen Reaktionen diese Daten, genannt Zuversichtswerte:

- Flüchten: 32
- Deckung: 22 und 50
- Angreifen: 75 und 83

Gibt es zu einer Reaktion mehrere Werte, nimmt man den Maximalwert, also

- Flüchten: 32
- Deckung: 50
- Angreifen: 83

Nun greifen wir uns die Reaktions-Sets der Wache (Abbildung 6.7 auf Seite 32), und
schneiden sie bei unseren Zuversichtswerten ab:

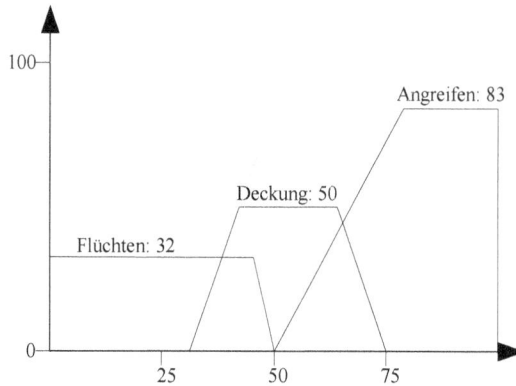

Abb. 6.11: *Zugeschnittene Reaktionen*

6.3.5   Resultat

Es gibt sehr viele Methoden, aus diesen zugeschnittenen Kurven ein Endresultat zu bekommen. Zwei davon wären für uns von Interesse: **Centroid** (sehr genau) und **AOM**
(sehr schnell). Beide berechnen den kombinierten Schwerpunkt dieser drei Kurven.
Interessanterweise ist AOM (*Average of Maxima*) fast genauso akkurat wie Centroid,
also verwenden wir diese.

Laut AOM betrachten wir jede Kurve als Rechteck, indem wir die schrägen Linien
einfach ignorieren, und uns nur um den Durchschnitt vom Anfang- und Endpunkt dieses
Rechtecks kümmern:

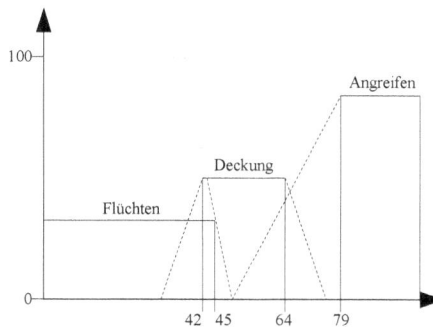

Abb. 6.12: *Reaktionen als Rechtecke*

Das Resultat sieht dann so aus:

Kurve	Maximalwert	Anfang	Ende	Durchschnitt
Flüchten	32	0	45	22,5
Deckung	50	42	64	53,0
Angreifen	83	79	100	89,5

Das Endresultat berechnet sich nach dieser Formel:

$$\frac{\sum (Durchschnitt \times Maximalwert)}{\sum Maximalwert}$$

Mit unseren Beispielwerten wird es also:

$$\frac{(22,5 \times 32) + (53,0 \times 50) + (89,5 \times 83)}{32 + 50 + 83} = \frac{10798,5}{165} = 65,45$$

Nach all diesen Berechnungen haben wir endlich das (gerundete) Resultat unseres Beispiels: **65**.

Dieser Wert liegt immer zwischen 0 und 100, was den letzten Punkt einfach macht: wir müssen nur noch überlegen, wie wir diesen Wert verwenden. Ein klassisches Beispiel wäre:

- 0..30 : Flüchten
- 31..60 : Deckung
- 61..100 : Angreifen

Diese Werte haben nichts mehr mit dem Charakter der Wache zu tun, sondern gelten für alle (es sind sozusagen die Vorgaben des Königs).

Entsprechend wird unsere Wache also gerade noch die Gegner angreifen und überlegt eventuell schon, wie sie in Deckung gehen könnte.

Hier sehen wir auch gleich noch eine weitere nützliche Anwendung von Fuzzy Logic: müsste die Wache zwischen mehreren Waffen wählen, könnten wir nach Eingaben wie Munitionsmenge, Schadenshöhe, Reichweite und Ausbildung für jede Waffe einen solchen Ausgangswert berechnen, und wählen dann die Waffe mit dem höchsten Wert. Und dieser Wert bestimmt dann das Verhalten der Wache.

6.4   Tuning

Puh. Bevor ich jetzt endlich dieses Kapitel beende, hier noch ein Tuning-Tipp: manchmal lohnt es sich, in der Combs-Methode einen Multiplikator für jedes mögliche Resultat zu erstellen. Wenn uns z.B. generell die Gesundheit der Wachen wichtig ist, könnten wir das so machen:

Munition	1,0	Wenig: Flüchten	Okay: Deckung	Viel: Angreifen
Gesundheit	1,2	Schlecht: Flüchten	Okay: Angreifen	Viel: Angreifen
Gegner	1,0	Wenige: Angreifen	Einige: Deckung	Viele: Flüchten

Wir würden also alle drei Resultate aus *Gesundheit* mit 1,2 multiplizieren, woraufhin diese mehr Einfluss nehmen. Das erleichtert z.B. auch das Erstellen von Schwierigkeitsgraden.

6.5   Weiterführende Quellen

- *http://de.wikipedia.org/wiki/Fuzzylogik* – Wieder mal Wikipedia mit guter Information.
- *http://www.pcai.com/web/ai_info/fuzzy_logic.html* – Sammlung guter Information zum Thema, vor allem auch:
- *http://www.cs.cmu.edu/afs/cs.cmu.edu/project/ai-repository/ai/html/faqs/ai/fuzzy/part1/faq.html* – lange und detaillierte FAQ.
- *http://www.byond.com/forum/?post=37966* – ein sehr guter Artikel zu Fuzzy Logic.

Kapitel 7

Wegfindung

Der Mut stellt sich die Wege kürzer vor.
Johann Wolfgang von Goethe

Auf englisch **Pathfinding** genannt, wird dieses Konzept sehr oft benötigt. Wir verwenden es, um den optimalen Weg auf einer Karte von Punkt A nach Punkt B zu finden.

7.1 Der direkte Weg

Ist die Karte der Umgebung nicht besonders komplex, so kann man einfach einen direkten Weg berechnen. Zuerst berechnen wir die beiden Werte dx und dy: die Unterschiede zwischen den eigenen Koordinaten und den Zielkoordinaten.
Fangen wir an mit Δx und Δy (auch als *Delta x* bzw. *Delta y* bekannt). Sind wir z.B. auf (3,11) und das Ziel auf (12,3), so wären $\Delta x = 12 - 3 = 9$ und $\Delta y = 3 - 11 = -8$.

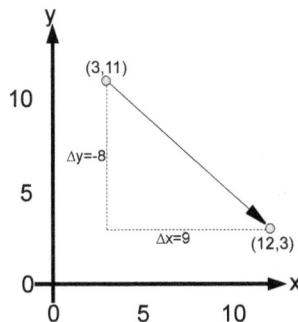

Abb. 7.1: *Von (3,11) auf (12,3)*

Gehen wir von 10 Schritten zum Ziel aus, bekommen wir:

$$dx = \frac{\Delta x}{10} = \frac{9}{10} = 0,9 \text{ und } dy = \frac{\Delta y}{10} = \frac{-8}{10} = -0,8.$$

Entsprechend werden dx und dy in jedem Schritt zu den eigenen Koordinaten addiert, um nach 10 Schritten am Ziel anzukommen.

Als Beispiel für einen einfachen, direkten Weg sehen wir uns mal diese drei Zombies an, welche den Spieler beim Eintritt in die Hütte überrascht haben. Zombies haben kaum noch Hirn, also ist eine solch triviale Wegfindung deren einzige Möglichkeit:

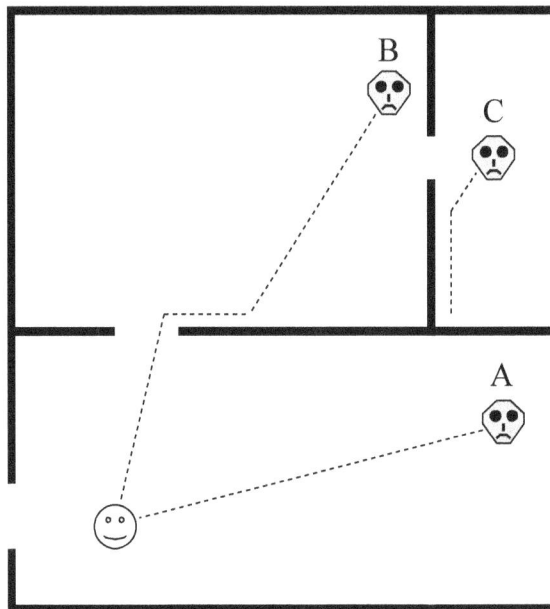

Abb. 7.2: *Drei Zombies*

Zombie **A** kann direkt auf den Spieler zulaufen.

Zombie **B** läuft so lange auf den Spieler zu, bis er auf eine Wand stößt. Hier zeigt sich eine Erweiterung dieses Trivial-Algorithmus: einer der beiden d-Werte (in diesem Fall dy) wird auf Null gesetzt, und so kann der Zombie an der Wand entlang rutschen. Findet er ein Loch in der Wand, wird der Weg neu berechnet und fortgesetzt.

Zombie **C** verwendet auch diese Erweiterung – landet jedoch in der Ecke, und da sowohl dx als auch dy auf Null gesetzt werden, bleibt er stecken.

Auch wenn diese Wegfindung tatsächlich recht trivial erscheint, ist sie doch sehr schnell und für viele Spiele[1] ausreichend.

7.2   Karten als Knotennetze

Wird die Karte komplizierter, oder die Gegner schlauer, müssen wir ein Knotennetz einbauen.

Schaut man sich Karten genauer an (die eines Brettspiels sind hier ein gutes Beispiel), handelt es sich eigentlich nur um eine Liste von begehbaren Orten, welche teilweise durch Wege miteinander verbunden sind:

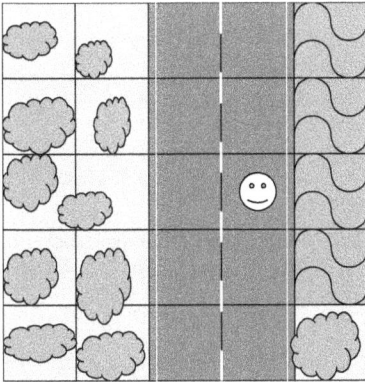

Abb. 7.3: *Karte des Brettspiels*

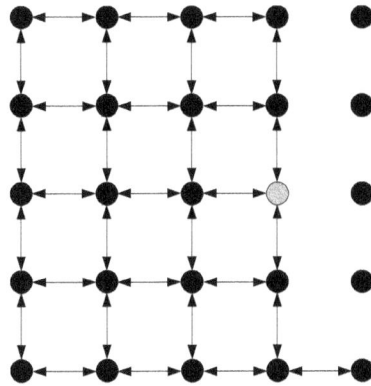

Abb. 7.4: *Datenversion der Karte*

Hier sehen wir die hochkomplexe Karte: eine zweispurige Straße entlang eines Sees, komplett mit Wald. Die Abbildung 7.4 daneben zeigt die Datenversion davon: sie besteht aus (teilweise) miteinander verknüpften Punkten, *Knoten* genannt.

Wir stehen also auf der Straße und schauen über den See. Wir können jetzt entweder nach Norden oder Süden der Straße folgen, oder nach Westen die Straße überqueren und uns durch den Wald schlagen. Richtung Osten ist keine so gute Idee – im Wasser finden sich Krokodile.

Die Verbindungen zwischen den Knoten erheben typischerweise Kosten; diese definieren wie effizient diese Verbindungen sind. So ist es z.B. schneller, eine Straße entlangzugehen statt sich durch den Wald zu schlagen.

---

[1] Ja, auch Zombie-Spiele, z.B. http://www.sigma-team.net/

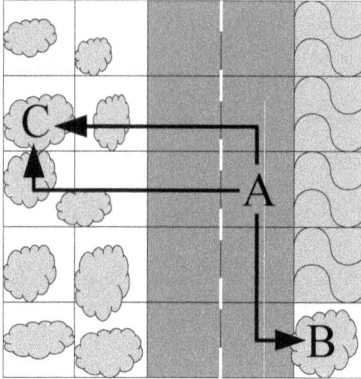

Abb. 7.5: *Karte*

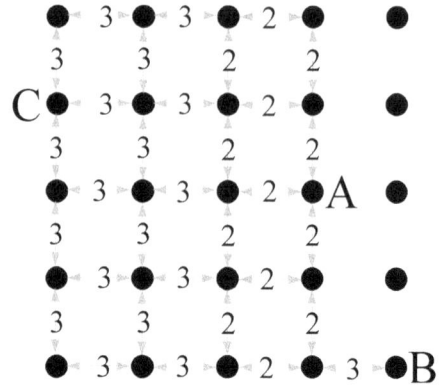

Abb. 7.6: *Verbindungskosten*

Von Straße zu Straße definieren wir in diesem Beispiel die Verbindungskosten als **2**, durch den Wald sind es **3**.

Der Weg von **A** nach **B** kostet also $2 + 2 + 3 = 7$.
Von **A** nach **C** haben wir hier zwei Möglichkeiten. Der obere Weg ist aber effizienter ($2 + 2 + 3 + 3 = 10$) als der Untere ($2 + 3 + 3 + 3 = 11$).

7.2.1   Nicht nur für Karten

In der Wegfindung muss es sich gar nicht um eine Karte handeln, sondern um beliebige miteinander verbundene Knoten. Ein solcher Knoten kann zwar eine Kartenposition sein (*Position A, Koordinaten x = 3, y = 2*), aber auch eine U-Bahn Station (*Pullach, Linie S7*), eine Erweiterungsverknüpfung (z.B. um ein Fahrzeug bauen zu können, muss ich zuerst eine Fabrik, ein Ölwerk und eine Tankstelle haben) oder einen Systemzustand (*Abkühlung, Stufe II*).

Nehmen wir als Beispiel die FSM von Katzen (Abbildung 4.3 auf Seite 15) – wir suchen den Weg um das Verhalten von *Fressen* zu *Flüchten* zu ändern:

Essen → Schlafen → Flüchten

Also: auch dann, wenn in diesem Kapitel von Karten gesprochen wird, kann man Wegfindung für alle möglichen Konzepte nutzen.

7.3   Der A* Algorithmus

Nein, nicht die Note A+ (obwohl dieser Algorithmus sie verdienen würde), sondern der Name A* (wird ‚A-Stern' ausgesprochen).

A* hat sich sowohl als hocheffektiv (er findet beweisbar immer den besten Weg) als auch (mit etwas Tuning) schnell genug herausgestellt, um sich zur beliebtesten Methode zu mausern.

7.3.1   Übersicht

Hier also eine sehr einfache Beispielskarte: Startpunkt und Zielpunkt sind durch eine Wand getrennt.

Um den Weg vom Knoten **A** *(2,5)* zu Knoten **B** *(8,5)* zu finden, fangen wir bei Knoten **A** an. Wir merken uns alle Knoten, welche mit diesem Knoten verbunden sind – die Nachbarn, sozusagen:

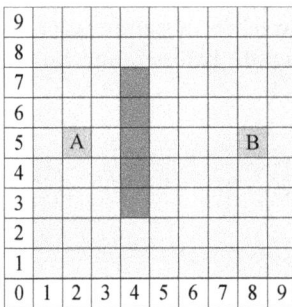

Abb. 7.7: *Von A nach B*

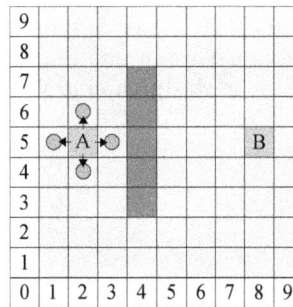

Abb. 7.8: *Die Nachbarn*

Als nächstes sehen wir uns alle Knoten an, die wir uns gemerkt haben. Von denen wählen wir den Knoten aus, der dem Ziel am nächsten liegt und somit der vorläufig effizienteste bei der Wegfindung ist.

Dieser Punkt hat wieder Nachbarn:

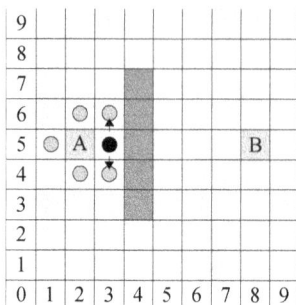

Abb. 7.9: *Nur zwei Nachbarn*

In diesem Fall sind es nur zwei Nachbarn: den Anfangsknoten **A** kennen wir ja schon, und weiter nach Osten können wir nicht, weil da eine Wand im Weg ist.

Der nördliche und der südliche Nachbar haben die gleiche Effizienz, wir wählen einfach den nördlichen. Dieser hat nur einen Nachbarn, welcher uns interessiert: wieder der nördliche. Im Westen und Süden liegen bereits bekannte Knoten, und im Osten ist der Weg immer noch durch eine Wand versperrt:

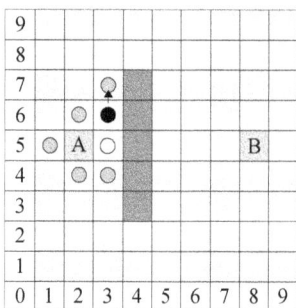

Abb. 7.10: *Ein einziger Nachbar*

Knoten, deren Nachbarn wir uns bereits gemerkt haben, müssen nicht mehr untersucht werden. Wenn wir jetzt sämtliche übriggebliebene Knoten ansehen, ist der effizienteste bei den Koordinaten *(3,4)* zu finden. Er ist einfach dem Ziel näher als der nördlichste *(3,7)*.

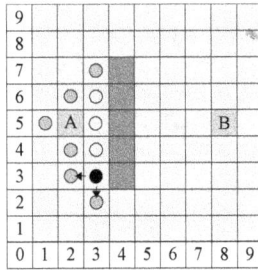

Abb. 7.11: *Wieder nur ein Nachbar*

Und so geht es immer weiter...

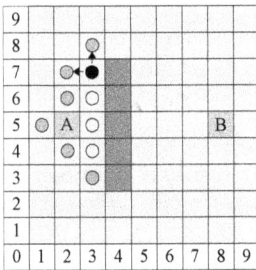

Abb. 7.12: *Norden...*

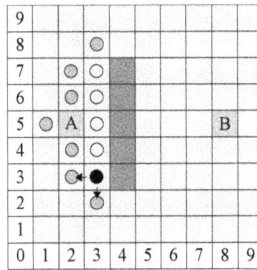

Abb. 7.13: *Süden...*

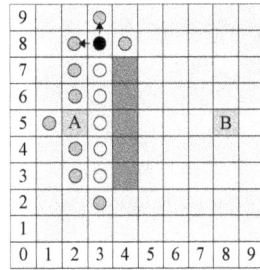

Abb. 7.14: *Wieder Norden...*

...bis wir das Ziel erreichen:

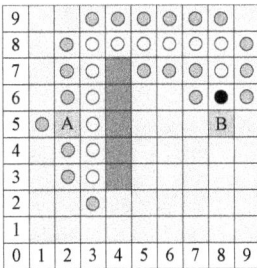

Abb. 7.15: *Alle untersuchten Knoten*

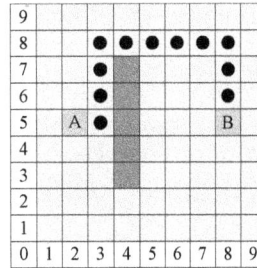

Abb. 7.16: *Der Weg zum Ziel*

Natürlich ist es nicht *ganz* so einfach: für die Effizienz eines Knoten genügt die Distanz zum Ziel nicht. Betrachten wir eine etwas andere Karte: wir würden das Ziel zwar auch finden, aber es wäre womöglich nicht der optimale Weg.

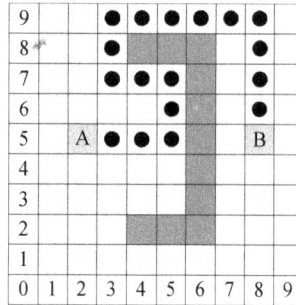

Abb. 7.17: *Könnte kürzer sein*

7.3.2   Die A* Formel

Die Effizienz eines Knoten wird auf sehr einfache Art und Weise berechnet: zuerst nehmen wir Kosten von der Startposition bis zu diesem Knoten. Dazu addieren wir dann eine Schätzung der Kosten, welche noch bis zum Ziel benötigt werden.

A* basiert also auf einer einfachen Formel. Die Effizienz des Knotens Nummer n berechnen wir wie folgt:

$$f(n) = g(n) + h(n)$$

- $f(n)$: Kosten des Weges, welcher zum Knoten n führt.
- $g(n)$: die berechneten Kosten von der Startposition bis zum Knoten n.
- $h(n)$: Geschätzte Kosten vom Knoten n zum Ziel.

Nicht so kompliziert wie befürchtet.

Unter $g(n)$ findet sich die Summe aller bisherigen Kosten, um diesen Knoten zu erreichen. $h(n)$ ist eine Schätzung, wie weit es noch von hier bis zum Ziel ist. Dieser $h(n)$ Wert wird typischerweise unterschätzt, da angenommen wird, dass wir das Ziel auf geradem Wege von hier erreichen können.

7.3.3   Die Berechnung von $h(n)$

Nachdem ich nun die ganze Zeit von den geschätzten Kosten zum Ziel gesprochen habe, sollte ich doch langsam etwas näher darauf eingehen.

Für die Berechnung dieser Kosten wird die sogenannte *Manhatten Distance*[2] Funktion verwendet.

---

[2]Benannt nach dem New York Stadtteil Manhatten, der ein orthogonales Straßengitter hat: die Häuserblocks sehen von oben wie ein Schachbrett aus.

Sind Knoten also nur in vier Richtungen miteinander verknüpft (Norden, Süden, Osten, Westen – wie in unseren bisherigen Beispielen), berechnen wir die Distanz indem wir einfach den Unterschied in den x-Koordinaten plus den Unterschied in den y-Koordinaten nehmen, und das Ganze mit den minimal möglichen Wegkosten von einem Knoten zum nächsten multiplizieren:

$$h(n) = D \times (abs(n.x - Ziel.x) + abs(n.y - Ziel.y))$$

(Bei D handelt es sich um die minimalen Verbindungskosten zwischen zwei Knoten.)

Es gibt natürlich mehr Methoden, Knoten miteinander zu verknüpfen – viele Spiele erlauben es, sich diagonal zu bewegen, was zu 8 Verknüpfungen führt. Teilweise werden auch hexagonale Gitter verwendet, mit 6 Nachbarn. Hier sind die Verbindungskosten nicht unbedingt gleich hoch.

Oft genug möchte man es jedoch dem Spieler erlauben, sich in beliebigen Richtungen zu bewegen. Auch können Knoten beliebige Nachbarn haben, in allen möglichen Richtungen und mit jeweils unterschiedlichen Kosten. Dann funktioniert die Manhatten-Formel nicht mehr für uns, und wir nehmen die wohlbekannte normale Distanzberechnung:

$$h(n) = D \times \sqrt{(n.x - Ziel.x)^2 + (n.y - Ziel.y)^2}$$

Vorsicht: ab und an hört man, dass die Verwendung der Quadratwurzel nicht benötigt wird – immerhin handelt es sich bei $h(n)$ ja nur um einen Vergleichswert. Somit sei es egal, ob man die genaue Distanz berechnet, weil wir ja nach der kürzesten suchen. Damit erspare man sich die Berechnung der Quadratwurzel.
Dies ist leider nicht korrekt... immerhin vergleichen wir ja nicht nur $h(n)$, sondern $g(n) + h(n)$. Ist $h(n)$ deutlich zu groß gegenüber $g(n)$, so wird $g(n)$ relativ uninteressant – und das A* Verfahren viel ineffizienter.

7.3.4   Benötigte Daten

Für die Durchführung des A* Algorithmus benötigen wir zwei Listen: nennen wir sie *Offene Liste* und *Geschlossene Liste*.
Als Beispiel siehe Abbildung 7.15 auf Seite 43: die dunklen Knoten gehören zur **Offenen Liste**, die hellen in die **Geschlossene Liste**, und der schwarze Knoten wird gerade untersucht.

- *Offene Liste* Eine Liste sämtlicher Knoten welche noch zu untersuchen sind. Anfangs findet sich darin nur der Startknoten **A**, aber hier werden bei jeder Untersuchung die gefundenen Nachbarn des momentanen Knotens eingetragen. Es handelt sich also um eine Liste sämtlicher Knoten, welche zum Ziel führen *könnten*.

- *Geschlossene Liste* Alle Knoten, deren Nachbarn bereits untersucht wurden, und die wir nicht erneut betrachten müssen.

Weiterhin müssen in den untersuchten Knoten noch ein paar Daten gespeichert werden:

- g: Die Kosten vom Start bis hier her.
- f: Die Effizienz dieses Knotens.
- n': Der Knoten, von dem die Untersuchung kommt, also der Referenzknoten.

7.3.5   Schritt für Schritt

Nachdem wir uns jetzt $h(n)$ genau angesehen haben ist es höchste Zeit, den ganzen A* Algorithmus von vorne bis hinten zu untersuchen.

Fangen wir an:

- Die Offene Liste enthält einen einzigen Eintrag: die Startposition.
- Die Geschlossene Liste ist leer.
- Der Knoten der Startposition enthält diese Werte:
    - $g = 0$
    - f wird berechnet[3]
    - n' ist leer (null)

Nach dieser Initialisierung wiederholen wir die folgenden Schritte solange, bis wir das Ziel erreichen:

- Durchsuche die Offene Liste nach dem Knoten mit dem kleinsten $f(n)$-Wert. Dies ist nun unser Knoten n.
- Falls die Offene Liste leer ist, gibt es keinen Weg zum Ziel – wir beenden die Suche.
- Falls n das Ziel ist, waren wir erfolgreich und beenden die Suche.
- Trage n aus der Offenen Liste aus, und füge ihn in die Geschlossene Liste ein.
- Prüfe alle mit n verbundenen Knoten:
    - Findet er sich in der Geschlossenen Liste, können wir ihn ignorieren.
    - Falls er dort nicht zu finden ist, trage ihn in die Offene Liste ein, berechne seinen g-Wert (also $g(n)+$ Verbindungskosten zu diesem Knoten) und den Wert f, setze die Referenz n' auf n.
    - Findet er sich bereits in der Offenen Liste, überprüfe seinen g Wert – wäre dieser Knoten über n leichter zu erreichen? Wenn ja, ändere seinen g-Wert, setze die n' Referenz auf n.

Haben wir das Ziel gefunden, haben wir auch gleich den optimalen Weg: ausgehend vom Zielknoten folgen wir allen n' Referenzen bis zum Start; wir haben den Wert sozusagen rückwärts berechnet.

---

[3]Typischerweise können wir alle Werte des Startknotens leer lassen, aber $f(n)$ ist beim Debuggen recht nützlich.

7.3.6   Tuning

A* kann – gerade auf sehr großen Karten – durchaus eine Weile brauchen. Hier also eine Reihe von kleinen Tipps und Tricks, wie man das System noch optimieren kann.

Offene Liste

Die Offene Liste aller noch zu überprüfenden Knoten kann recht lang werden. Es stellt sich also die Frage, ob man sie sortieren sollte:

- *Sortiert:* Die Liste muss von Anfang an sortiert erstellt werden, und zwar nach der Distanz zum Ziel. Entsprechend dauert es länger, einen neuen Knoten an der richtigen Stelle einzufügen, aber der effizienteste Knoten muss nicht gesucht werden – er ist immer am Anfang.

- *Unsortiert:* Das Einfügen neuer Knoten geht sehr schnell (sie werden einfach unten angehängt), aber man muss jedes Mal die gesamte Liste durchlaufen, um den besten Knoten zu finden.

Die Wahl hängt von der Anzahl Knoten ab, also von der Größe und Komplexität der Karte. Es ist eine gute Idee, beides zu implementieren – so kann man messen, wie lange welche Methode benötigt, und ab wann man die Liste sortieren sollte.

Geschlossene Liste

Eigentlich ist die Geschlossene Liste gar nicht so wichtig. Sie dient lediglich dazu, einen Knoten als *Vermutlich Nicht Mehr Interessant* zu definieren. Ergo kann man die weglassen, wenn man stattdessen jedem Knoten einen binären Wert zuweist: Geschlossen? Wenn ja, kann man ihn einfach ignorieren.

Dies hängt natürlich auch von der Größe der Karte ab – eine Liste von betrachteten Werten würde eventuell weniger RAM benötigen als ein zusätzlicher Wert für jeden einzelnen Knoten.

Mehrschichtig

Hat man eine komplexe Karte, lohnt es sich oft, sie mit zwei oder gar mehr Knoten-Netzen zu überziehen. Nehmen wir als Beispiel ein besonders großes Gebäude: hier lohnt es sich, zwei unterschiedliche Netze zu erstellen: ein grobes Netz, wo jeder Knoten einen Raum darstellt, und dann für jeden Raum ein eigenes Netz.

Nun geht die Suche sehr viel schneller:

- Der Ritter wacht nachts im Schlafgemach auf und hat Hunger. Ziel: Küche.
- Das grobe Netz errechnet den kürzesten Weg vom Schlafgemach zur Küche.
- Das feinere Netz des Schlafgemaches findet den Weg vom Bett zur Tür.
- Kaum geht der Ritter durch die Tür (das Netz vom Vorgemach übernimmt jetzt), hört er ein Geräusch aus dem Rittersaal.
- Entsprechend ist ein neuer Weg nötig, und das grobe Netz wird wieder verwendet, um diesmal den Weg vom Vorgemach zum Rittersaal zu finden.

Auf diese Weise werden nur die momentan wirklich benötigten Wege berechnet. Gerade der letzte Punkt zeigt, dass eine genaue Planung bis zur Küche schlicht Zeitverschwendung gewesen wäre.

Iterative Suche

Es kann sein, dass nicht genügend CPU-Zeit zur Verfügung steht, um einen kompletten Weg bis zum Ziel zu berechnen. In diesem Fall beginnt man mit der Suche bis die Zeit ausläuft, und lässt den Charakter in Richtung des bisher besten Knotens loslaufen. Dies ist nicht unbedingt der optimale Pfad, aber ein guter Anfang.
Sobald wieder Zeit zur Verfügung steht, wird der Weg weiter berechnet. Somit ergeben sich drei mögliche Resultate:

- Nicht fertig: Charakter läuft auf den neuen besten Knoten zu.
- Fertig: Ziel gefunden, Charakter läuft darauf zu.
- Ziel geändert: Die Berechnung wird von vorne angefangen.

Die Limitation muss nicht an der CPU-Zeit liegen, man kann es auch nach Weglänge, Anzahl Durchläufe, Menge von RAM oder maximale Kosten des bisher optimalen Knotens definieren. Hier eignet sich ein Parameter in dem A* Algorithmus, damit man herausfinden kann, welche Methode auf dieser Karte am besten funktioniert.

Maximale Weglänge

Es kann natürlich sein, dass Ihre Systeme an einer bestimmten maximalen Weglänge interessiert sind: *„Wir wollen nur 2 km im Voraus berechnen"*. In diesem Fall kann es natürlich sein, dass das Ziel selbst (noch) nicht gefunden wird, aber immerhin findet man bereits einen guten Weg und benutzt den. Dies ist gerade bei dynamischen Karten von Interesse, da hier die Wege sowieso sehr oft neu berechnet werden müssen.

Erstellung der Netze

Oft genügt ein relativ einfaches Netz; so werden z.B. in leeren Räumen kaum Knoten benötigt.
Es gibt zwei Wege, ein Knoten-Netz zu erstellen:

- *Per Hand:* Dies kann einen erheblicher Aufwand erfordern, sorgt aber für ein sehr gut optimiertes Netz.

- *Per Computer:* Hier würde man ein eigenes Werkzeug schreiben, welches für jede Karte ein Netz erstellt. Es kämen Parameter in's Spiel wie Anfangsknoten, Distanz zwischen den Knoten, Anzahl Verknüpfungen pro Knoten, minimale Distanz zu Wänden, usw.
Besonders nützlich wäre es, wenn man hinterher per Hand die einzelnen Knoten noch etwas verschieben oder gar löschen kann, um das Netz zu optimieren.

Vorberechnung

Es kann sich lohnen, die typischen Wege vorher zu berechnen. So wird die Wache oft den Weg vom Schreibtisch zur Tür und von dort zum Turm suchen – muss dies nicht dauernd neu berechnet werden, sparen wir sehr viel Zeit.

Ist die Karte klein genug, könnte es sich eventuell sogar lohnen, *alle* möglichen Verbindungen im Voraus auszurechnen.

Einen geraden Weg finden

Wie man sehen kann, gibt es oft mehrere beste Wege, alle von identischer Länge:

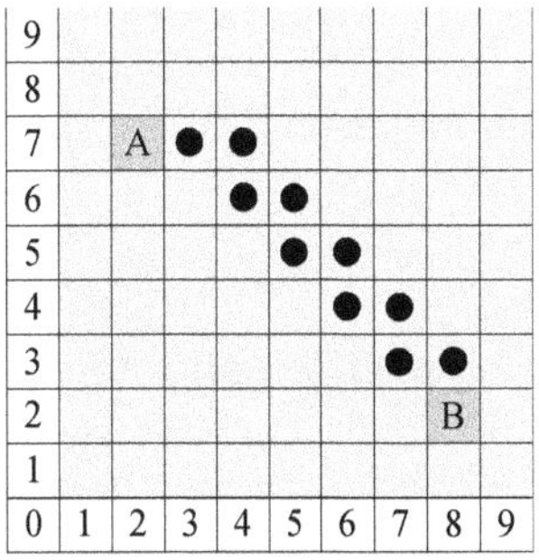

Abb. 7.18: *Treppe* 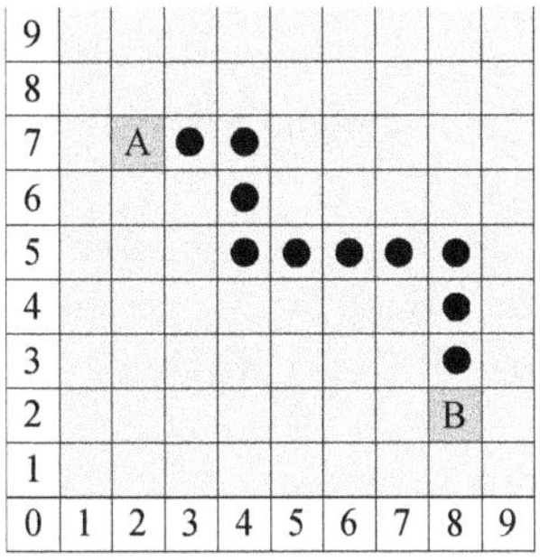   **Abb. 7.19:** *Stufen* 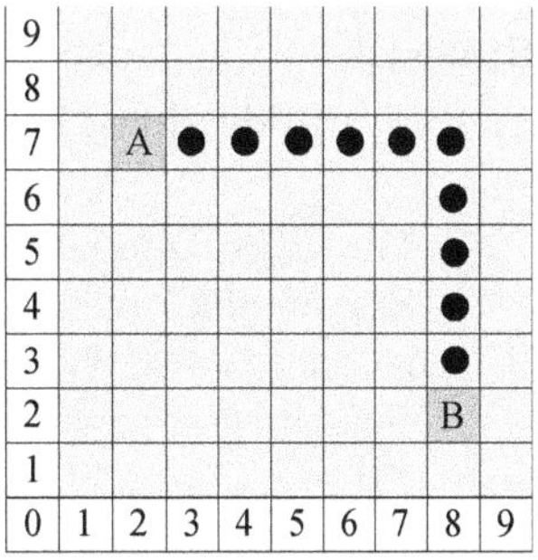   **Abb. 7.20:** *Eine Ecke*

Es kann jedoch sein, dass ein gerader Weg vorzuziehen ist – z.B. wäre ein Rennwagen daran interessiert, möglichst wenig Kurven zu fahren.

Hier würde es sich lohnen, den Knoten in der gleichen Richtung wie der vorige Knoten eine Kleinigkeit preiswerter zu machen. Erwarten wir auf unserer Karte eine maximale Weglänge von L, so genügt schon dieser Wert:

$$Kosten = Kosten \times (1 - \frac{1}{L})$$

7.3.7   Fehlersuche

Noch ein paar Gedanken zum Debuggen:

Suche anzeigen

Wenn man alle offenen und geschlossenen Knoten auf der Karte anzeigt, kann man sofort sehen wo und warum besonders viel Zeit verschwendet wird.
Es ist manchmal auch nützlich, die Farbe der Knoten von den Kosten abhängig zu machen. Wird an einer komplexen Stelle zu viel Zeit benötigt, kann man das Knoten-Netz entsprechend optimieren.

Statistik

Es kann sich durchaus lohnen, eine genaue Statistik erstellen zu lassen. Daten wie:

- Min/Max/Durchschnittslänge der berechneten Wege.
- Eine Grafik, welche *Anzahl Wege vs. Weglänge* anzeigt.
- Knoten-Daten: Wie oft wurde dieser Knoten geprüft, von wem, wie oft war er Teil eines Weges, usw.

Wenn man mit allem fertig ist (vor allem dem Testen des Gesamtsystems), kann man eine solche Statistik gut verwenden, um manche Knoten als *Nur Für Fußgänger* oder *Für Rennwagen Ungeeignet* zu markieren, woraufhin der A* Algorithmus sie entsprechend ignorieren könnte.

7.4   Weiterführende Quellen

- *http://de.wikipedia.org/wiki/Pathfinding* – gute, kurze Beschreibung.
- *http://de.wikipedia.org/wiki/A** – lange Beschreibung zu A*.
- *http://www.raywenderlich.com/4946/introduction-to-a-pathfinding* + *http://www.raywenderlich.com/4970/how-to-implement-a-pathfinding-with-cocos2d-tutorial* – noch eine gute A* Beschreibung

Kapitel 8

Genetischer Algorithmus

Warum sollte ich mich für künftige Generationen interessieren?
Was haben die je für mich getan?
Groucho Marx

Wie man am Namen unschwer erkennen kann, wurde dieser Algorithmus von der Natur abgekupfert.
Es handelt sich um das faszinierende Gebiet der Genetik, auf das wir hier aber natürlich nicht näher eingehen werden.

Wichtig für uns ist primär, dass es sich hier um einen sehr nützlichen und dabei doch erstaunlich einfachen Algorithmus handelt.

Die folgenden Punkte zeigen, bei welchen Problemen dieses System besonders sinnvoll ist:

- Eine mathematische Problemlösung ist entweder nicht bekannt oder zu aufwendig.
- Die Menge der möglichen Lösungen ist sehr groß.
- Ein ausreichend gutes Resultat genügt, es muss nicht optimal sein.

Dieser Algorithmus wird unter anderem in den folgenden Gebieten eingesetzt:

- Bewegungsabläufe bei Robotern, z.B. im Autobau.
- Flügelprofil und Rumpfform von Flugzeugen.
- Stundenplan und Raumplan-Erstellung (besonders bei Universitäten).
- Brückenbau: Berechnung der Lage, Form und Gewicht von Bauteilen.
- Phantombilder bei der Polizei: diese Methode hat sich als schneller, preiswerter *und* genauer als Handzeichnungen herausgestellt.
- Computerspiele, sowohl zur generellen Planung als auch zur allmählichen Anpassung an den Spieler.

Nehmen wir als Beispiel mal ein Problem, für welches sich der Genetische Algorithmus besonders eignet: in unserem Strategiespiel wollen wir ein Raumschiff entwerfen, welches eine besonders hohe Schlagkraft gegen andere Raumschiffe hat. Immerhin haben wir gerade einen neuen, größeren Rumpf erforscht, und können diesen jetzt mit einer beliebigen Anzahl von 10 verschiedenen Waffentypen bestücken.

Diese Waffen haben alle unterschiedliche Gewichte, richten aber auch verschiedenen Schaden an. Logischerweise kann unser neues Raumschiff nur eine begrenztes Gewicht an Waffen transportieren – welche Kombination erreicht also die höchste Schlagkraft?

Hier treffen die drei genannten Punkte zu:

- Es gibt zwar eine saubere Lösung (*alle* möglichen Kombinationen ausrechnen), aber selbst extrem leistungsfähige Rechner (neben denen Ihr PC wie ein Taschenrechner aussieht) würden dafür viel zu lange brauchen.
- Es gibt sehr viele mögliche Lösungen, größtenteils jedoch ineffiziente.
- Ein optimales Resultat wäre zwar erfreulich, ist aber nicht unbedingt nötig – ein sehr gutes genügt uns bereits.

8.1   Übersicht

Ein genetischer Algorithmus ist nicht sonderlich kompliziert:

Zuerst erstellen wir eine gewisse Anzahl möglicher Lösungen, sagen wir 30. Jede dieser 30 Lösungen ist eine gültige Lösung (es gibt also keine richtige oder falsche Lösung), haben allerdings eine unterschiedliche Qualität: manche Lösungen sind besser als andere.

Eine mögliche Lösung für die Bewaffnung unseres neuen Raumschiffes wäre zum Beispiel, den gigantischen Rumpf lediglich mit einem Laserpointer zu bewaffnen, und den Rest einfach leer zu lassen. Keine sehr gute Lösung, aber eine gültige Lösung.

Nun erlauben wir den besten Lösungen, sich fortzupflanzen und dabei gegenseitig Information auszutauschen. Die schlechtesten Lösungen lassen wir fallen.
Auf diese Weise werden die Lösungen langsam immer besser. Wir halten einen Blick auf das Resultat (die beste aller Lösungen) und sobald es gut genug ist, sind wir fertig.

Um den Algorithmus anwenden zu können, benötigen wir nur zwei Dinge:

- Eine Methode, jede mögliche Lösung darstellen zu können.
- Eine Fitnessfunktion, mit der man die Effizienz einer Lösung berechnen kann.

8.2   Lösungsdarstellung

Nehmen wir auch hier die Natur zum Vorbild: wir definieren Chromosome, welche aus Genen zusammengesetzt sind.

Jedes Chromosom stellt also eine Lösung dar, bestehend aus den einzelnen Lösungsschritten: den Genen. In unserem Beispiel besteht jedes Chromosom aus einer Liste von Zahlen: jedes Gen enthält die Anzahl der zu verbauenden Waffen.

Zum Beispiel könnte ein Chromosom so aussehen: *00, 00, 04, 42, 12, 02, 00, 03,...*
Die beiden ersten Waffentypen werden gar nicht installiert, vom dritten Typ verbauen wir vier Stück, vom Viertem ganze 42, vom Fünften 12, und so weiter.

Natürlich interessieren uns nur gültige Chromosome – es ist eher unerfreulich, wenn eine Lösung einen spektakulären Schaden anrichten könnte, diese Menge an Waffen aber für unser Raumschiff zu schwer ist.

Eine solche Liste kann binär sein (also nur **1** oder **0**: *Wird Verwendet* bzw. *Lassen Wir Weg*), aber in unserem Beispiel enthält jeder Eintrag die Anzahl der zu verbauenden Waffen.

Man kann natürlich anstelle der einfachen Liste auch Arrays, Linked Lists oder ähnliches verwenden – wichtig ist dabei nur, dass sich die Gene zwischen verschiedenen Chromosomen leicht austauschen lassen.

8.3   Fitnessfunktion

Für jedes Chromosom müssen wir eine Zahl ausrechnen, welche seine Fitness oder Effizienz darstellt.
In unserem Beispiel wäre dies die Summe der Fähigkeiten sämtlicher Waffen: wir summieren die Schadenspunkte jedes Gens.

8.4   Die Ausführung

Zuerst bereiten wir das Ganze vor: wir erstellen eine zufällig gefüllte Menge von verschiedenen Chromosomen.
Die Anzahl der generierten Chromosomen liegt typischerweise zwischen 30 und 50, kann aber auch deutlich größer sein. Es hat sich jedoch gezeigt, dass eine *zu* hohe Anzahl keine besseren Resultate liefert, sondern lediglich die Ausführung verlangsamt.

Dann laufen wir den Genetischen Algorithmus durch, welcher Schritt für Schritt bessere Chromosome findet:

- *Selektion*: wir wählen aus, welche Chromosome gut genug sind, um interessant zu sein.
- *Crossover*[1]: die Chromosome tauschen untereinander Gene aus.
- *Mutation*: manche der Chromosome bekommen zufällige Änderungen ab.

Das Ganze wird so lange wiederholt, bis ein Abbruchkriterium erreicht ist. Mögliche Kriterien sind:

- Ein zufriedenstellendes Resultat wurde gefunden: fertig!
- n Generationen wurden berechnet: mehr Zeit wollen wir nicht aufbringen.
- Es wurden x ms CPU-Zeit verwendet: mehr Zeit haben wir nicht.
- Die letzten n Verbesserungen waren alle geringer als x %: vermutlich finden wir keine ernsthaft bessere Lösung.
- Seit n Generationen traten keine Verbesserungen mehr auf: anscheinend finden wir keine bessere Lösung.

8.4.1   Selektion

Es gibt verschiedene Methoden auszuwählen, welche Chromosome interessant genug sind. Diese werden die Eltern der nächsten Generation sein dürfen. Sehr oft wird die *Roulette*-Methode verwendet: hier wählen wir die Chromosome zufällig aus, geben den besseren Chromosomen aber eine entsprechend größere Chance.

Eine mögliche Implementierung dieser Methode besteht aus drei Schritten:

- Die Fitness aller Chromosome wird einmal summiert.
- Eine Zufallszahl zwischen 0 und dieser Summe wird generiert.
- Wir laufen der Reihe nach durch die Liste der Chromosome und addieren deren Resultat. Sobald die Zufallszahl erreicht oder überschritten wurde, haben wir das gewählte Chromosom.

Die sogenannte *Elite*-Erweiterung kann zusätzlich angewendet werden: wir übernehmen die besten x % der Chromosome direkt (ohne weitere Änderungen wie *Crossover* oder *Mutation* – siehe weiter unten). Zusätzlich entfernen wir die untersten y % aller Chromosome, und füllen diese dann entweder mit den Kindern der Besten oder mit den Kindern zufällig ausgewählter Chromosomen auf, oder erstellen einfach ganz neue.
Dies sorgt dafür, dass die besten Chromosome nicht verloren gehen können, und die allerschlechtesten schnell wegfallen – entsprechend wird das Resultat immer besser.

---

[1]Auf deutsch auch als *Rekombination* bekannt.

8.4.2   Crossover

Hier tauschen zwei Chromosome Gene miteinander aus. Die Position der Bruchstelle wird zufällig ausgewählt:

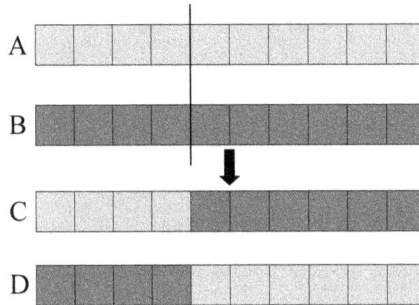

Abb. 8.1: *Eltern A und B erzeugen Kinder C und D*

Ein sehr hoher Prozentsatz aller Chromosome wird auf diese Weise durch ihre Kinder ersetzt, die anderen werden lediglich kopiert.

Auch kann man den Austausch (je nach zu lösendem Problem) erweitern, beispielsweise kann man mehrere zusammenhängende Blöcke von Genen austauschen.

8.4.3   Mutation

Manche Chromosome können auch mutieren: hier wird ein Gen zufällig ausgewählt und durch einen ebenso zufälligen Wert ersetzt. Natürlich müssen auch hier die Gene überprüft werden – ungültige Chromosome werden verworfen. In unserem Beispiel werden die Gewichte sämtlicher Waffen summiert – ist die Summe zu hoch, kann man entweder die Mutation verwerfen, oder die Gene ändern, bis das maximale Gewicht wieder erreicht ist.

Vorsicht: zu große Mutationen sind typischerweise katastrophal, eine kleine Mutation von ein oder zwei Genen ist normalerweise ausreichend.

8.5   Tuning

8.5.1   Das lokale Optimum

Ein klassisches Problem ist das lokale Optimum – siehe Abbildung 8.2 auf der nächsten Seite.

Fangen wir ganz links an und wollen den höchsten Punkt dieser Kurve erreichen, finden wir bald einen Höhepunkt: das lokale Optimum. Wollen wir aber das globale Optimum (das bestmögliche Resultat) finden, müssen wir willig sein, erst wieder an niedrigeren

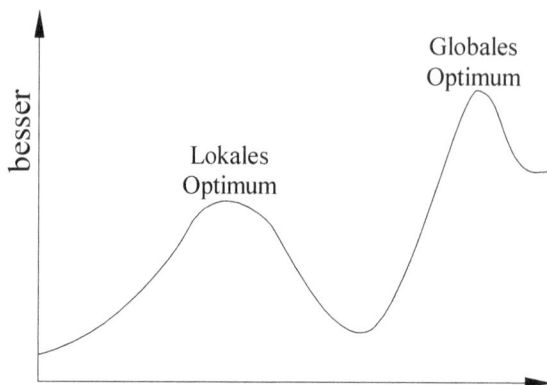

Abb. 8.2: *Lokales Optimum*

Punkten (also schlechteren Resultaten) vorbeizukommen.

Und gerade Genetische Algorithmen haben damit Schwierigkeiten: oft sammeln sich die Chromosome um ein Optimum (welches eben nicht das globale Optimum sein muss), und die schlechteren Chromosome werden verworfen, auch wenn diese sich auf den Weg zu einem besseren Resultat befinden.

Die Mutation dient primär dazu, dieses Problem wenigstens halbwegs zu umgehen: ein mutiertes Chromosom hätte die Chance, sich sozusagen auf dem ansteigenden Teil eines besseren (lokalen) Optimums zu finden.

8.5.2 Anzahl der Chromosome

Es ist möglich, die Anzahl der Chromosome flexibel zu implementieren. Man fängt mit relativ wenigen an, und falls nur noch sehr geringe Verbesserungen auftreten, werden mehr Chromosome erstellt, bis zu einem vorgegebenen Maximalwert. Dies beschleunigt den gesamten Algorithmus auch, weil wir mit weniger Chromosomen anfangen können.

8.5.3 Parameter

Der Genetische Algorithmus enthält einige Parameter: Anzahl der Chromosome, Methode des Crossovers, Prozentsatz der direkt zu übernehmenden Chromosome, wie oft Mutationen auftreten, und so weiter.
An diesen Werten gibt es viel zu experimentieren. Und ja, es kann sich tatsächlich lohnen, die besten Einstellungen per Genetischen Algorithmus zu finden...

8.6 Vorteile

- Einfach zu implementieren und auszuführen.
- Wir können eine Reihe von Resultaten finden, von denen wir eines per Hand auswählen.
- Wir müssen nichts von der Optimierungsmethode wissen – es werden lediglich die Chromosom-Definition und eine Fitnessfunktion benötigt.
- Für Multi-CPU Computer hochgradig geeignet.
- Sehr leicht an neue Probleme anpassbar – wir können für unser Programm eine generische Implementierung erstellen, die von verschiedenen Problemen mit den entsprechenden Daten (Chromosomdarstellung und Fitnessfunktion) gefüttert wird.

8.7 Nachteile

- Es kann sehr lange dauern (Stunden, sogar Tage) ein gutes Resultat zu einem besonders komplexen Problem zu finden.
- Gerade bei komplexen Problem weiß man nie, wie nahe das gefundene Resultat am globalen Optimum ist.
- Es können auch die Abbruchkriterien unklar sein: was ist denn nun ein gutes Resultat?
- Ein Genetischer Algorithmus geht immer davon aus, dass ähnliche Chromosome ähnlich viel wert sind, was nicht unbedingt der Fall sein muss.
- Chromosome müssen aus Genen bestehen, welche leicht miteinander austauschbar sind.
- Für dynamische Daten ungeeignet: ändert sich etwas an den Eingangsdaten, ist das Resultat oft schwierig anzupassen.

8.8 Weiterführende Quellen

- *http://de.wikipedia.org/wiki/Genetischer_Algorithmus* – Etwas mathematisch, gute Beschreibung, aber recht kurz.
- *http://en.wikipedia.org/wiki/Genetic_algorithm* – Langer, guter Artikel mit nützlichen Bibliographie und einigen Tutorien.
- *http://www.ai-junkie.com/ga/intro/gat1.html* – Sehr schöne Erklärung, inkl. einer deutschen Übersetzung (vorsichtshalber...).
- *http://www.faqs.org/faqs/ai-faq/genetic/part1/* – Ein seeeehr langes, vorzügliches FAQ.
- *http://www.boxcar2d.com/index.html* – Eine gute, vollautomatische Vorführung um ein Fahrzeug zu erstellen.

Kapitel 9

Neuronales Netz

Warum zum Lernen Zeit verschwenden, wenn Unwissenheit sofort erfolgt?
Calvin & Hobbes

Erneut schauen wir der Natur auf die Finger und greifen uns ein sehr nützliches Konzept: das Neuronale Netz. Wieder mal ein nützlicher Algorithmus, falls wir keine algebraische Lösung für unser Problem finden können.

9.1   Einführung

Gehirne (von Flöhen bis zu Elefanten – und ja, auch Menschen) bestehen aus Neuronalen Netzwerken: eine riesige Anzahl Zellen, genannt *Neuronen*, welche miteinander verbunden sind und Daten austauschen. Diese Netzwerke sind ziemlich groß: in einem menschlichem Gehirn finden sich etwa 20 Milliarden Neuronen, jedes mit mehreren Nachbarn verknüpft (im extrem sogar mit mehreren tausend).
Gut, bei Politikern ist so ein Netz wohl deutlich einfacher, aber sogar Ameisen haben etwa 250 000 Neuronen in ihren 1 mm^3 Hirnchen.

Offiziell wird die Computerversion *Künstliches Neuronales Netz* genannt, aber jeder nennt es *Neuronales Netz* oder, noch einfacher, *NN*.
NNs sind deutlich kleiner und einfacher als die biologischen Versionen, werden aber immer mehr verwendet. Unter anderem findet man sie in der Mustererkennung, Entscheidungssystemen, Robotersteuerung, Kreditkartenbetrug[1], Motorüberwachung, Krebsanalyse, Verkaufsvorhersage, Handschriftenerkennung, Geruchsanalyse, Wettervorhersage (okay, nicht alle Neuronalen Netze sind perfekt), Proteinanalyse, und vieles mehr.

Bei Computerspielen verwendet man sie inzwischen auch, primär in Entscheidung, Klassifikation und Vorhersage.

---

[1]Erkennung, nicht Ausführung...

Beispielsweise kann ein Netz feststellen, wie man sich einem anderen Spieler gegenüber verhalten sollte: Eingangsdaten wären z.B. wie kräftig er ist, ist er bewaffnet, kennen wir ihn bereits, hat mein König ihn empfohlen, hat er einen Kumpel angegriffen... und entsprechend findet dieser Algorithmus eine korrekte Reaktion: Flüchten, Angreifen, freundlich Grüßen, Verhöhnen, Ignorieren, Verkaufspreise für ihn anheben, und so weiter.

Es geht natürlich auch deutlich komplexer – beispielsweise wird es in manchen Spielen zur kompletten Rennwagensteuerung verwendet.

Neuronale Netze werden anhand von Beispielen trainiert: Input mit bereits bekanntem Output. Zeigt man ihnen beispielsweise jede Menge Bilder und erklärt, welche davon Katzen darstellen, wird das NN nach einer Weile immer besser die Gattung Katze erkennen.

Während das Training einmal recht lange dauern kann, ist das trainierte System selbst jedoch sehr schnell und kann sich sogar noch weiter anpassen und dazulernen.

Ein Neuronales Netz liefert nicht nur *eine* Antwort, sondern ist sozusagen ein Experte auf dem antrainierten Gebiet. Bekommt ein gut trainiertes NN einen unbekannten Input aus seinem Feld, kann es dennoch ein passendes Resultat liefern. Beispielsweise könnte es auf einem neuen Bild die Katze erkennen.

Ein komplettes System hat oft mehrere NNs, z.B. könnte im Computerspiel ein bewaffnetes Fahrzeug ein NN zur Steuerung und ein zweites für den Angriff verwenden.

9.2   Layout

Ein NN besteht aus mehreren *Ebenen*, auch *Layers* oder *Schichten* genannt (siehe Abbildung 9.1).

In diesem Beispiel findet sich ganz links eine Ebene von drei Neuronen (**N0,0** ... **N0,2**), welche wir mit Eingangsdaten füttern (*Input*). Diese Daten werden an die zweite Ebene mit fünf Neuronen (**N1,0** ... **N1,4**) weitergeleitet. Diese Neuronen bearbeiten die Daten und geben sie ihrerseits an die zwei Neuronen (**N2,0** und **N2,1**) ganz rechts ab, welche, nach weiterer Bearbeitung, uns die Antwort liefern (*Output*).

Es gibt immer eine *Eingabe-Ebene* (ganz links), eine *Ausgabe-Ebene* (ganz rechts) und eine oder mehrere *Verborgene Ebenen* (in unserem Beispiel nur eine). Auf englisch werden diese *Input Layer*, *Output Layer* und *Hidden Layer(s)* genannt.

Die Neuronen in der Eingabe-Ebene tun nichts außer die ankommenden Daten an die anderen Neuronen zu verteilen. Nur die Verborgene Ebene und Ausgabe-Ebene bearbeiten die Daten.

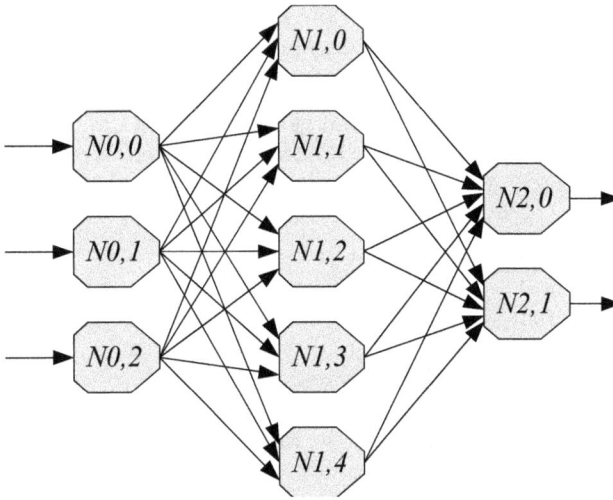

Abb. 9.1: *Ein Neuronales Netz*

Nun würden Sie fragen, wozu diese erste Ebene eigentlich dient, da man die Daten von außen ja auch direkt an die zweite Ebene senden könnte. Nun, erstens macht es die Verwendung des Neuronalen Netzes einfacher: wir haben x Eingabewerte, und müssen jeden dieser Werte nur einmal eingeben.
Zweitens kann das System beim Lernen die Anzahl Neuronen erhöhen. Dies würde dafür sorgen, dass man die Datenebene anpassen müsste, je nachdem wie viele Neuronen sich nun in der zweiten Ebene befinden.

Wie Sie sehen können, ist jedes Neuron mit jedem Neuron in der nächsten Ebene verbunden. Typischerweise sind dies Einweg-Verbindungen: vom Input durch alle verborgenen Ebenen bis zum Output immer nur in eine Richtung.

Sehen wir uns ein Neuron näher an:

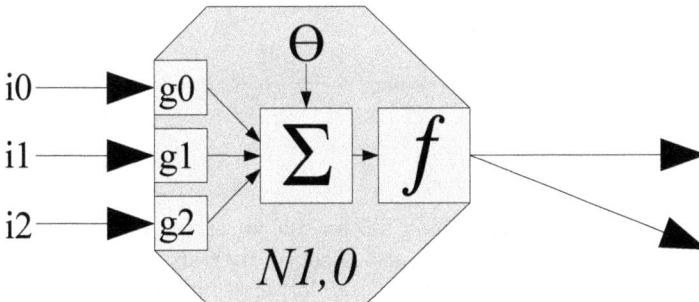

Abb. 9.2: *N1,0 ist das erste Neuron in der zweiten Ebene*

Von links kommen die Eingangsdaten **i0** bis **i2** – entweder direkt vom Input, oder als Output der vorigen Neuronenebene. In diesem Beispiel sind es drei Eingänge.

Zuallererst wird jeder Eingangswert separat gewichtet (**g0**, **g1** und **g2**). Gewichtet heißt, dass wir diese Daten mit einem zuvor bestimmten reellen Wert multiplizieren, zum Beispiel:

Gewichtung	Funktion
–1,0	Unterdrücke diese Daten kräftig.
–0,5	Unterdrücke diese Daten etwas.
0,0	Ignoriere diese Daten völlig.
0,5	Diese Daten sind nur halb so wichtig.
1,0	Werden übernommen, wie sie sind.
2,0	Doppelt so wichtig wie sonst!

Jeder Eingangswert hat seine eigene Gewichtung.

Als nächstes werden alle gewichteten Werte summiert ($\sum$). Zu dieser Summierung wird noch der eingebaute Bias-Wert Θ addiert (er liegt typischerweise zwischen 0,25 und 1). Die Gesamtsumme wird an eine Funktion (f) übergeben die entscheidet, was für ein Wert an die nächsten Neuronen weitergegeben wird.

Der Output ist das Resultat dieser Funktion, welches auf 0...1 skaliert wird.

Die Funktion f kann sehr unterschiedlich sein, z.B.

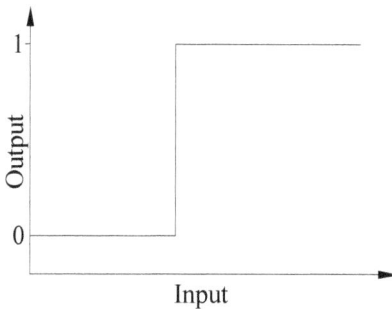

Abb. 9.3: *Schwellenwert*   **Abb. 9.4:** *Linear*

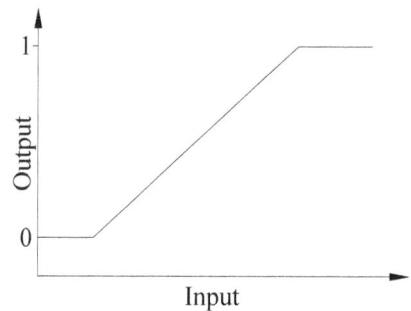

Sehen wir uns zum Beispiel Abbildung 9.3 an: bis zu einem bestimmten Wert sendet das Neuron nur eine Null (es passiert also nichts), aber ab einem Schwellenwert wird eine Eins an alle verbundenen Neuronen gesendet; eine binäre Reaktion.

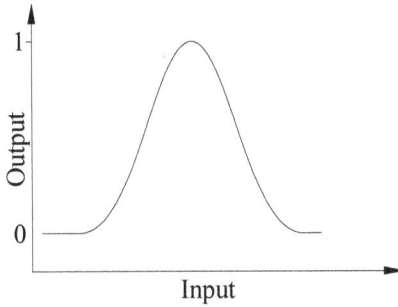

Abb. 9.5: *Gauss*

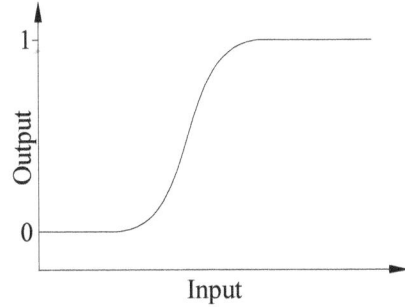

Abb. 9.6: *Sigmoid*

Oder Abbildung 9.5: schon bei geringem Input wird ein wenig gesendet, dann schnell immer mehr, bis ein Maximum erreicht wird. Kommen noch höhere Inputwerte, senkt sich der Output wieder bis auf Null ab.

Sehr häufig wird die Sigmoid-Funktion (Abbildung 9.6) verwendet – nicht nur schaltet diese Funktion recht glatt von Null auf Eins, sondern wohl auch, weil sie der entsprechenden Reaktion eines biologischen Gehirns am nächsten kommt.

Die Formel für die Sigmoid-Funktion sieht so aus:

$$S(x) = \frac{1}{1 + e^{-a \times x}}$$

Hier ist x der Input, der Koeffizient a (welcher den Gradient der Kurve definiert) liegt typischerweise zwischen 0,5 und 2. Anfangs setzt man ihn am einfachsten auf 1, und justiert ihn später nach Bedarf. e kennen wir als die Konstante *2,7182818284...*

Meistens verwenden alle Neuronen eines NN die gleiche Funktion f, aber manchmal ist es nützlich, in einer Ebene eine andere Funktion zu verwenden.

9.3 Übersicht des Algorithmus

9.3.1 Training

Da ein Neuronales Netz alle Information in den Gewichtungen und Bias-Werten seiner Neuronen speichert, müssen wir diese also korrekt einstellen.
Wir fangen damit an, dass wir sie mit zufälligen Werten füllen, am besten zwischen -0,5 und +0,5 (Bias Θ: zwischen 0,25 und 1,00). Natürlich wird das NN dadurch falsche Resultate liefern, aber es wird so lange trainiert werden, bis es richtige Resultate liefert.

So geht es los: wir haben zwar keine generelle Lösung für das zu bearbeitende Problem, aber jede Menge Beispiele. Wir wissen also, wie der Input aussieht, und wie der Output sein soll. Stück für Stück schieben wir die Beispiele als Input in das Netz, überprüfen den Output, und korrigieren die Einstellungen (Gewichtungen und Bias) entsprechend, bis der vom System zurückgelieferte Fehler minimal ist.

Ein Beispiel wäre das Lesen einer Handschrift. Jeder Mensch hat seinen eigenen Stil, und somit haben wir viele Beispiele. Fangen wir mit A an: wir lassen viele Menschen ein A schreiben, scannen deren Schrift ein, und übertragen das Bild an das Neuronale Netz. Dieses rät, um was für einen Buchstaben es sich handeln könnte, und wir korrigieren die Antworten so lange, bis es jedes A aus unseren Beispielen erkennen kann.
Zum Testen benötigen wir noch mehr Beispiele – so können wir sichergehen, dass das System tatsächlich das unterliegende Muster erkannt hat, und sich nicht einfach nur an unsere Beispiele angepasst hat.

Kommt jetzt ein Unbekannter, der das A auf seine eigene Weise schreibt, kann das System es dennoch erkennen.

9.3.2   Input

Der Input hängt natürlich völlig von dem zu bearbeitenden Problem ab. Nun wollen wir möglichst wenige Neuronen in der Eingabe-Ebene haben: mehr Neuronen sorgen für ein deutlich langsameres Training (die Trainings-Zeit nimmt exponentiell zu mit Anzahl der Neuronen). Man muss also so viel Information wie möglich zusammenfassen.
Beispielsweise ist es viel besser, einen Input *GegnerStärke* zu verwenden, als eine lange Liste sämtlicher Panzer, Flugzeuge, Schiffe und Soldaten des Gegners.

In unserem Beispiel über Handschriftenerkennung wäre der Input eine Schwarz/Weiß Grafik, mit einer Auflösung von 8x8 Pixeln. Ergo hätten wir $8 \times 8 = 64$ Neuronen in der Input-Ebene, und jedes von denen bekommt entweder eine Eins (Pixel ist schwarz) oder eine Null (Pixel ist weiß)[2]:

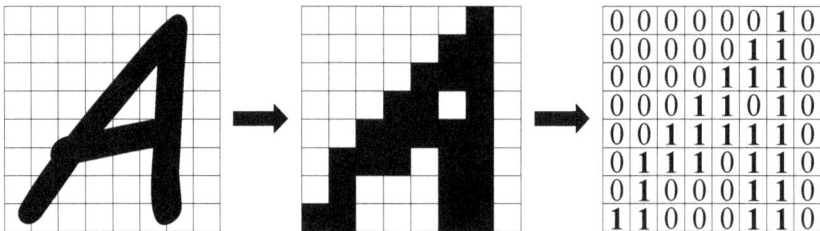

Abb. 9.7: *Input A*

[2]Natürlich könnte man statt Binärwerten auch Realwerte verwenden: von 0,0 (ganz weiß) bis 1,0 (ganz schwarz), und alles dazwischen.

Ganz links sehen wir, wie das handschriftliche A aussieht. Dieses wird von den Pixeln konvertiert: enthält ein Pixel mehr als eine bestimmte Menge schwarz, wandelt es sich von Null zu Eins. Ganz rechts sehen wir dann, welche Werte als Input vorliegen.
Jedes Pixel liefert seine Daten an ein eigenes Input-Neuron, das also entweder Null oder Eins empfängt.

9.3.3 Output

In unserem Beispiel werden nur Großbuchstaben erkannt, also benötigen wir 29 Neuronen in der Output-Ebene: jeder steht für einen möglichen Buchstaben; A...Z, Ä, Ö, und Ü.
Nun könnten wir hier Binäroutput verwenden: 0 für Nein, 1 für Gefunden.

Der korrekte Output für unser Beispiel wäre also:

- A: 1
- B: 0
- C: 0
- D: 0
- ....

Für das Training ist es jedoch besser, wenn wir erkennen können, wie groß der Fehler ist.
Ein falsches Binärresultat sieht zum Beispiel so aus:

- A: 1
- B: 1
- C: 0
- D: 1
- ....

Hier können wir nicht genau sehen, wie schwer der Fehler ist. Ein Output-Wert *zwischen* 0 und 1 ist deutlich aussagekräftiger:

- A: 0,69
- B: 0,74
- C: 0,12
- D: 0,53
- ....

Aha: hier erkennen wir, wie sehr das Neuronale Netz geändert werden muss. Um die Erkennung zu verbessern, muss A erhöht werden, B deutlich gesenkt, C können wir erstmal ignorieren (könnte aber noch ein wenig gesenkt werden), und D ist auch noch zu hoch.

9.4   Trainingsmethoden

Der Aufbau eines Neuronalen Netzes ist nicht sonderlich kompliziert, und es dauert auch nicht lange, bis man sich auf die Formate von Input und Output geeinigt hat. Die endgültige Verwendung ist dann ebenso harmlos: wir geben Daten ein und bekommen Daten zurück.

Das Training hingegen ist der schwierige Teil. Es gibt recht einfache Methoden, die aber sehr lange brauchen. Selbst die komplexeren Trainingsmethoden sind zwar deutlich schneller, benötigen aber immer noch einige Zeit.

Auf jeden Fall wird das Training ausgeführt, bis einer der folgenden Punkte erfüllt ist:

- Das System bekam ungenügend Information, um immer ein gutes Resultat zu finden – die Menge und eventuell Art des Inputs muss geändert werden.
- Es wird keine saubere Lösung gefunden, weil das Netzwerk noch zu simpel ist – die Anzahl Neuronen muss erhöht werden, eventuell sogar die Anzahl Ebenen.
- Das System beantwortet alle Fragen aus den Beispielen genau genug, und auch bei weiteren, ähnlichen Fragen ist die Fehlerrate ausreichend gering... Erfolg!

Wie gesagt beginnt jede Trainingsmethode damit, dass alle Gewichtungen mit zufälligen Zahlen gefüllt werden, beispielsweise zwischen $-0,5$ und $+0,5$, während alle Θ zwischen 0,25 und 1,00 anfangen.

Da die Input-Ebene keinerlei Berechnungen durchführt sondern lediglich Daten verteilt, können wir sie aus dem Training weglassen.

Es gibt viele Trainingsmethoden – hier die vier, welche am häufigsten Verwendung finden.

9.4.1   Zufall

Für alle Beispieldaten gehen wir die folgenden Schritte durch:

- Sende ein zufälliges Exemplar der Beispieldaten in das Neuronale Netz und betrachte das Resultat.
- Sind *alle* Resultate genau genug, sind wir fertig.
- Ansonsten addieren wir eine kleine Zufallszahl (beispielsweise zwischen $-0,01$ und $+0,01$) zu jeder einzelnen Gewichtung, und geben die Beispieldaten erneut ein.
- Ist das neue Resultat besser als das vorherige, behalten wir die neuen Gewichtungen bei, ansonsten verwerfen wir diese Änderungen.

Diese Prozedur führen wir so lange mit allen Beispielen aus, bis sämtliche bekannte Beispiele korrekt bearbeitet wurden.

Diese Methode hat zwei Nachteile:

- Sie ist *sehr* langsam und eignet sich somit bestenfalls für recht kleine Netze.
- Das System könnte lediglich ein lokales Optimum finden (siehe z.B. Abbildung 8.2 auf Seite 56), und damit eine gute Lösung verpassen.

Immerhin genügt diese Methode für die ersten Versuche und Experimente, um Neuronale Netze näher kennenzulernen.

9.4.2   Fehlerkurve

Auch hier wählen wir ein zufälliges Exemplar aus unseren Beispieldaten aus (man sollte diese Daten nie in der gleichen Reihenfolge durchlaufen, da das NN sonst darin auch ein Muster finden kann, und sich entsprechend falsch anpasst).

In dieser Methode gehen wir alle Gewichtung aller Neuronen individuell hintereinander durch. Wir starten in der letzten Ebene (Output), und arbeiten uns dann Ebene für Ebene, Neuron für Neuron, Gewichtung für Gewichtung rückwärts durch bis zur Input-Ebene.

Zu jeder Gewichtung erstellen wir eine Fehlerkurve, welche pro Gewichtung die Größe des Outputfehlers darstellt: wir konfigurieren den Wert n (zum Beispiel 1,5). Diesen ziehen wir von der Gewichtung ab, laufen durch das Beispiel durch, und merken uns die Fehlergröße.
Dann addieren wir einen kleinen Wert, z.B. $\frac{n}{10}$, und wiederholen das Ganze so lange, bis wir den Wert der ursprünglichen Gewichtung+n erreicht haben. Somit haben wir eine Liste von Fehlerresultaten, welche als Kurve dargestellt werden können:

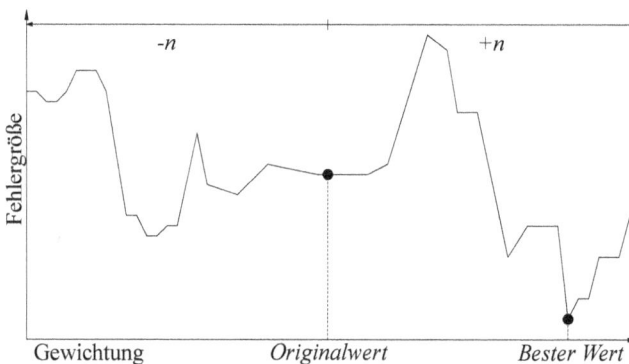

Abb. 9.8: *Fehlerkurve*

Beispielsweise ist die eine Gewichtung 1,7. Entsprechend würden wir erst mal sehen, wie gut das Resultat bei einer Gewichtung von $1,7 - n = 1,7 - 1,5 = 0,2$ aussieht. Danach prüfen wir für die Gewichtung $0,2 + \frac{n}{10} = 0,2 + \frac{1,5}{10} = 0,2 + 0,15 = 0,35$.

Gefolgt von der Gewichtung $0,35 + 0,15 = 0,50$, und immer so weiter bis $1,7 + n = 1,7 + 1,5 = 3,2$.

Entsprechend wird die Gewichtung auf den Testwert mit dem niedrigsten Fehler gestellt – der in unserer Testbreite n besten Wert.

Das Ganze wiederholen wir für jede einzelne Gewichtung. Und dann für jedes Beispiel. So lange, bis alle Beispiele richtig beantwortet werden.

Dieses System hat den Vorteil, dass man ein sehr genaues Training durchziehen kann, vor allem wenn die Fehlerkurve n breit genug ist. Allerdings dauert dieses Training wirklich auffallend lange, und ist somit gerade für größere Netze ziemlich ungeeignet.

9.4.3   Genetischer Algorithmus

Auf Seite 51 sprachen wir schon über den so nützlichen Genetischen Algorithmus.

Und ja, hier eignet er sich auch: für jede Gewichtung wird ein Gen definiert. In diesem Fall müssen wir uns keine Sorgen über ungültige Chromosome machen – jeder Gewichtungswert für jedes Gen liefert ein gültiges (wenn auch nicht unbedingt optimales) Resultat.

Für unser Netz-Beispiel auf Seite 61 würden die Chromosome so aussehen:

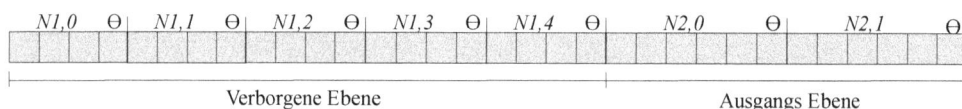

Abb. 9.9: *Die Chromosome für das Netz*

Die Neuronen **N1,0** bis **N1,4** liegen in der verborgenen Ebene mit je drei Gewichtungen, während **N2,0** und **N2,1** in der Ausgangs-Ebene liegen, mit je fünf Gewichtungen. Jedes Neuron enthält zusätzliche den individuellen Bias-Wert Θ.

Diese Methode liefert eventuell nicht so ein genaues Resultat wie die oben genannte *Fehlerkurve*, ist dafür aber deutlich schneller und oft ausreichend.

9.4.4   Backpropagation

Diese Methode kennt man im Deutschen unter gleichem Namen.

Wieder arbeiten wir hier die Ebenen von hinten nach vorne durch, fangen also am Output an und gehen bis zum Input. Aber nun wird hier der tatsächliche Fehler in der

Gewichtung pro Neuron berechnet, und somit ist diese Methode zwar die komplizierteste, aber aus unserer Liste die schnellste und somit beliebteste.

In fast allen Artikeln, Büchern und Berichten über diese Methode wird jetzt lange und ausgiebig erklärt, wo die zu verwendenden Formeln herkommen, wie sie abgeleitet werden, und woran man erkennen kann, dass sie auch gültig sind. Eine nicht uninteressante Historie, zumal das ganze Konzept des Neuronalen Netzes in den 70er Jahren fast untergegangen wäre, da man die Gewichtungen der Verborgenen Ebenen noch nicht berechnen konnte.
Uns interessiert hier aber lediglich, dass dieses Problem durch Backpropagation gelöst wurde, und dass es funktioniert. Zu erklärten ist also nicht das *warum*, sondern das *wie*.

Bei Backpropagation haben wir hier den Wert λ, eine Konstante, welche oft als *Lernrate* bezeichnet wird. In der Output-Ebene ist dies typischerweise *0,15*, für die Verborgenen Ebenen *0,20*. Hier handelt es sich einfach um eine Methode, das Training zu beschleunigen.

Jedes Neuron der momentanen Ebene führt folgendes aus:

1. Es wird der Fehler F berechnet, welcher in der nächsten Ebene auftrat. Dies ist die Ebene, an die wir unseren Output senden – in Abbildung 9.1 auf Seite 61 also die Ebene ganz rechts:

$$F = \sum (E_n \times g_n)$$

   Wir betrachten also alle Neuronen n, welche unsere Ausgangsdaten bekommen, multiplizieren für jedes dieser Neuronen deren Fehlerwert E mit der unseren Daten zugewiesenen Gewichtung g, und summieren das Ganze.

   Der Fehlerwert E wurde von den Neuronen rechts bereits berechnet, und wir tun das für unser momentanes Neuron auch gleich.
   In der Ausgangsebene (N2,0 und N2,1) ist dies allerdings nicht möglich – immerhin liefern die ja nicht an weitere Neuronen, sondern sind der Output des Neuronalen Netzes. Hier ist der Fehler einfach

$$F = (O_E - O_G)$$

   also die Differenz zwischen dem erwarteten Output O_E und dem tatsächlich gelieferten Wert O_G.

2. Nun folgt unser Fehlerwert – nicht nur für uns interessant, sondern auch für die links liegenden Ebenen, welche diesen Wert brauchen werden:

$$E = O \times (1 - O) \times F$$

   Wir multiplizieren also den Output O des momentanen Neurons mit *Eins minus O*, und multiplizieren das Resultat mit dem eben berechneten Fehler F.

3. Jetzt wissen wir, wie wir unsere internen Werte modifizieren müssen, und zwar sowohl die Änderung am Bias Θ

$$\Delta\Theta = \lambda \times E$$

als auch die Änderung jeder unserer eigenen Gewichtungen:

$$\Delta g_n = \Delta\Theta \times i_n$$

Dabei ist g_n die Gewichtung, welche auf Input i_n angewendet wird.

4. Also ändern wir alle eigenen Gewichtungen ($g_n = g_n + \Delta g_n$) und unseren Bias ($\Theta = \Theta + \Delta\Theta$).

5. Das nächste Neuron wird untersucht. Haben wir alle Neuronen dieser Ebene untersucht, gehen wir zur nächsten Ebene (also in unserem Beispiel weiter nach links).

Jeder Durchlauf aller Neuronen ändert die Gewichtungen und Bias Werte, und verbessert das Resultat ein wenig. Je öfter das Ganze durchgeführt wird, desto genauer sollte das Resultat werden.

9.5   Abschluss

Über Künstliche Neuronale Netze können dicke Wälzer geschrieben werden – und werden auch. Dort findet man sehr viel mehr Information als hier; es existieren viele weiteren Arten von NN, Daten können auch in beide Richtungen gesendet werden, Neuronen können sich selber Daten liefern, man liest über Momentum im Lernen, das Darstellen der Netzwerke in Matrizen, Kohonen-Netze, und noch so viel mehr.

Aber dies soll ja nur eine (leicht zu verstehende) Einführung sein; die dargestellten Konzepte finden die meiste Verwendung.

9.6   Weiterführende Quellen

- *http://en.wikipedia.org/wiki/Artificial_neural_network* – Die englische Version ist wieder mal besser.
- *http://www.ai-junkie.com/ann/evolved/nnt1.html* – Einfache Einführung.
- *http://www.cs.stir.ac.uk/ lss/NNIntro/InvSlides.html* – Längere Einführung.
- *http://neuralnetworks.ai-depot.com/Tutorials.html* – Eine längere Liste von Artikeln zu dem Thema.
- *http://www.willamette.edu/ gorr/classes/cs449/intro.html* – Eine gründliche Vorlesung zum Thema.
- *ftp://ftp.sas.com/pub/neural/FAQ.html* – Eine ausgiebige FAQ zu dem Thema.

Kapitel 10

Gruppensimulation

Denken Sie immer an die Interessen Ihres Gegenübers.
Lee Iacocca

10.1   Einführung

Crowd Simulation – endlich mal ein englischer Ausdruck, für den man auch einen deutschen Ausdruck hat, der auch Verwendung findet: *Gruppensimulation*.

Und ein interessantes Thema ist es auch noch: es handelt sich hier um die Simulation von Personengruppen (typischerweise, aber nicht unbedingt, Menschen), welche ein Spiel bevölkern. Natürlich gibt es jede Menge Anwendungen für nicht-Spiele, wie z.B. Straßenplanung, Zuschauerverteilung im Stadium, Fußgängergruppen für Filmhintergründe, Simulation der Flucht aus einem (brennenden?) Gebäude... aber jedes Mal handelt es sich um (eventuell sogar recht große) Gruppen künstlicher Lebewesen, welche sich realistisch benehmen.

Das Ganze begann primär für Filme, und zwar als im Kino ‚Lord of the Rings' auftauchte.
Was, Sie kennen den Film nicht? Wirklich nicht? Okay, ich warte hier, bis Sie den Film gesehen haben – es dauert lediglich ein Wochenende, sind alles zusammmen so in etwa 720 Minuten... ja, 12 Stunden, aber ich warte gerne, es lohnt sich.

Wieder da[1]? Dann fiel Ihnen bestimmt auch auf, wie sich gerade im Teil zwei ein sehr schönes Beispiel einer Gruppensimulation findet: eine Unmenge Orcs, welche eine Festung angreifen – und ja, diese wurden tatsächlich simuliert. Es wären doch etwas zu

---

[1] Ich hoffe, Sie kennen auch das Buch? Ja? Gut...

viele Schauspieler nötig gewesen, und der normale Vorgang (komplette Animationspla-
nung für jede einzelne Figur) wäre deutlich zu aufwändig gewesen.
Inzwischen findet man solche künstlichen Gruppen in vielen Filmen, wie z.B. *Die Hard
4.0*, *Ratatoille* oder *Inception*. Und natürlich *Avatar*.

Ja, viele verschiedene Anwendungen – beschäftigen wir uns mit einer davon: die Simulation von Menschengruppen in einer Stadt. Natürlich können Sie die Bevölkerung
jederzeit in aggressive Zombies umwandeln, um alles interessanter zu machen. Wichtig
ist aber auch das herumlaufen harmloser Zivilisten, einfach um eine Stadt zu füllen.
Auf vielen Spielen sehen die Straßen sehr leer aus, ab und an ein Fahrzeug, sehr wenig
Fußgänger... und das fällt tatsächlich auf.

10.2   Gruppen

Es gibt zwei Arten, die Bewegung einer Gruppe zu berechnen[2]:

10.2.1   Partikelsystem

Im Englischen als *Particle Motion* bekannt, handelt es sich um eine einfache Simulation, ähnlich der Brownschen Bewegung. Es wird eine Gruppe individueller Figuren
gehandhabt, welche via Wind, Gravitation, Kollisionen und Attraktion gesteuert werden. Stellen Sie sich eine solche Bewegung in einer Stadt vor, aus großer Höhe gesehen
– es ist was los, und noch dazu recht einfach zu berechnen.

Allerdings sieht dies nicht eben sonderlich realistisch aus, also kümmern wir uns lieber
um die zweite Methode:

10.2.2   Gruppen KI

Crowd AI genannt, ist dies die komplette Simulation einer jeden Figur, von der Bewegung zum Ziel über das Umgehen von Hindernissen bis hin zur Prügelei. Das Ganze
ähnelt der Schwarmintelligenz (sieht Seite 91), ist aber etwas komplexer (und somit
realistischer). So enthält z.B. jeder Körper eine Bibliothek über mögliche Bewegungen
– was unter anderem auch dafür sorgt, dass keiner der realistischen Modell-Menschen
sich den eigenen Ellenbogen küssen kann...
Die Aktionsplanung ist recht einfach, typischerweise benimmt sich jeweils eine ganze
Gruppe identisch bei Aufträgen wie *Geht gemütlich nach Norden*, *Greift diese Figur an*
oder *Rennt zur Bahn*.

Inzwischen gibt es jede Menge Software, welche dies in großem Stil implementieren
kann, wie z.B. *Massive* der Firma *Weta Digital*.

---

[2] Ja, natürlich gibt es mehr als zwei Methoden, und jeden Tag werden vermutlich drei neue Methoden
entwickelt... hier handelt es sich aber um die beiden Primärgruppen, sehr weit verbreitet.

10.3 Gruppenbewegung

Es gibt auch gleich zwei verschiedene Arten von Gruppenbewegungen:

10.3.1 Strukturiert

Alle bewegen sich in die gleiche Richtung: Autobahnverkehr, Wandern, Schlange stehen oder Gruppenangriff.

10.3.2 Unstrukturiert

Hier bewegen sich alle (oder sehr kleine Gruppen, normalerweise zwei oder drei) in verschiedene Richtungen, z.B im Bahnhof, Einkaufszentrum oder am Strand.

Typischerweise wird beides gleichzeitig implementiert – beispielsweise kann sich die (strukturierte) Armeegruppe auf die (unstrukturierten) Zombies zu bewegen.

Zur Implementierung genügt es, wenn wir nur die strukturierte Gruppenbewegung betrachten – unstrukturierte Einzelgänger (wie die Frau beim Schuhe kaufen oder der Mann im Computerladen) benehmen sich genauso wie eine strukturierte Bewegung, bestehen allerdings aus einer Gruppe mit nur einem Mitglied.

10.3.3 Wegplanung

Nach Berechnung eines Pfades (beispielsweise via A*, siehe Seite 37) wird dieser verbreitert; daraufhin haben wir (z.B. auf einem Gehweg) genügend Platz, um Anderen ausweichen zu können. Dies sorgt auch dafür, dass nicht alle hintereinander in einer Linie gehen, was nicht sonderlich realistisch aussieht.

Auf dem breitem Pfad kann sich jeder frei bewegen, vorzugsweise aber in die korrekte Richtung. So ist die Bewegung eben als Gruppe – dem vorgegebenem Pfad wird nicht in einer Linie gefolgt.
So kann eine Gruppe z.B. einem Eiswaggon sowohl links als auch rechts umgehen, was realistischer (und schneller) ist.

Die Breite dieser Pfade kann variieren; die Umgebung der Start und Endpunkte kann breiter sein, während gefährliche Gebiete deutlich schmaler werden (um die Gruppe in Deckung zu halten).

Um dafür zu Sorgen, dass der Weg eher auf dem Bürgersteig als auf der Fahrbahn verläuft, sollten Wegkosten berechnet werden: entsprechend wird es billiger, den Zebra Übergang zu verwenden, als einfach direkt (und eher unrealistisch) die Straße überall zu überqueren.

Die Gruppen sollten durchaus recht unterschiedliche Wege planen:

- Gehe zur 18 Constantia Avenue
- Gehe irgendwo an die Südgrenze der Stadt
- Gehe in den Park
- Warte auf einen bestimmten Zug
- Folge einer anderen Gruppe (unauffällig oder nicht)
- Finde die nächste Pizzeria
- Laufe ziellos umher
- Besuche der Reihenfolge nach alle Schuhläden
- ...usw

10.3.4   Folge der Wegplanung

Normalerweise wird für jede Figur ein eigener Pfad berechnet, was hier allerdings nicht der Fall ist. Das Ziel der gesamten Gruppe muss nur einmal berechnet werden, und auch die Kalkulation des Gehwegs findet nur einmal statt.

So folgt jeder dem gleichem Pfad, bewegt sich allerdings nicht unbedingt in einer Linie. Hier finden sich zum Beispiel zwei Gruppen: unten laufen die Zivilisten durcheinander, oben die Armee hintereinander:

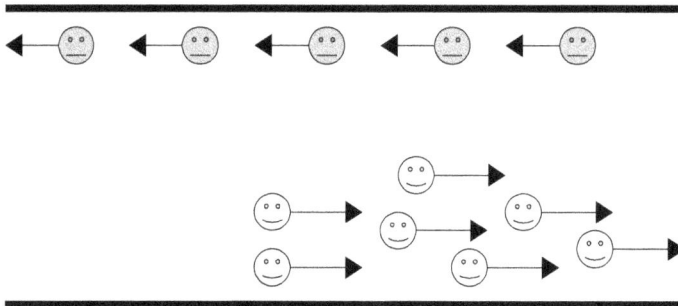

Abb. 10.1: *Zwei Gruppen*

Die Armee könnte auch einfach jeweils dem Vorgänger folgen, bei den Zivilisten ist dies aber anders: ein jeder folgt dem einem berechneten Pfad, behält dabei aber seine (ungefähre) Position zu den Mitgliedern der Gruppe um sich ein. Die Armee hingegen hält die genauen Positionen untereinander ein.

Beide Gruppen folgen einem Zielpunkt. Dieser (unsichtbare) Punkt folgt dem geplantem Weg, und geht schrittweise vor, sobald die Gruppe ihm nahe genug gekommen ist. Auf diese Weise wird kein Anführer benötigt – es handelt sich sozusagen um einen unsichtbaren Anführer, dem hier gefolgt wird.

Wie man übrigens sieht, gehen beide Gruppen in ihrer Richtung rechts: dies lohnt sich beispielsweise in Korridoren oder auf Gehwegen, weniger in Fußgängerzonen oder Hallen.

10.3.5 Ausweichen

Es gibt viele verschiedene Möglichkeiten, einander auszuweichen. Hier nur zwei einfache Beispiele:

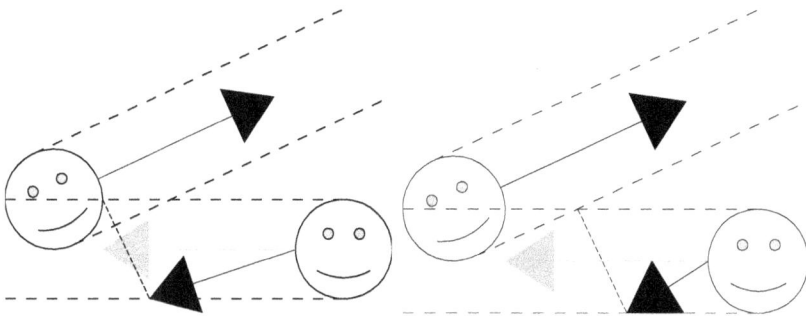

Abb. 10.2: *Ausweichen*

Jede Figur überprüft ihre Richtung anhand zweier Linien. Trifft eine Linie auf jemand anderen, entweder auf eine Figur selbst (links) oder deren Wegplanung (rechts), findet sich einfach die Änderung zum ausweichen: Richtungswechsel sowie Absenkung der Geschwindigkeit. Entsprechend weicht die Figur rechts nach unten aus, und senkt (kurzfristig) die Geschwindigkeit.

Die linke Figur ändert weder Kurs noch Geschwindigkeit, weil sich nichts in ihrem unmittelbaren Weg befindet.

Dabei kann man noch die Länge der beiden Linien von deren Geschwindigkeit abhängig machen (ergo, ab welcher Distanz fangen Figuren damit an, einander aus dem Weg zu gehen), damit z.B. rennende Figuren früher ausweichen.

Auf diese Weise können auch Gruppen durcheinander hindurchgehen: einzelne Figuren weichen anderen Figuren aus, versuchen danach aber ihren vorigen Platz in der Gruppe wieder einzunehmen.

Auch können Figuren aufeinander warten – wird der durchschnittliche Abstand zwischen den Figuren der Gruppe zu groß, ändern sowohl die Anführer als auch die Nachfolger ihre Geschwindigkeit: entweder langsamer (*Ich warte auf Euch*) oder schneller (*Ich komme ja schon*).

10.4   Gruppenverhalten

Es sind viele verschiedene Arten von Gruppen möglich: harmlose Studenten, Polizei, Zivilisten, Armeen, neugierige Journalisten, bewaffnete Spinner... und entsprechend unterschiedlich können sie reagieren: angreifen, flüchten, ignorieren, verjagen, anlocken, usw.

Auf diese Weise fällt es auch leicht, Überraschungen einzubauen: der Spieler trifft in einem vollen Einkaufsladen seinen Gegner und greift an. Logisch, dass dieser sich wehrt, ebenso dass es nicht lange dauern wird, bis die Polizei auftaucht – aber mit dem bewaffneten Spinner (*Wie wagst Du es nur, hier rumzuballern!*) und dem Betrunkenen (*Au ja, Prügelei!*) hatte er ebenso wenig gerechnet wie mit einem der Mitarbeiter (*Neiiiin, der schuldet mir noch Geld!*)...

Ein interessanter Hintergrund wäre beispielsweise auch eine Gruppe von Figuren, welche (im Museum?) einem Führer folgen. Sobald dieser stehen bleibt, sammelt sich die Gruppe um ihn (um ihm zuzuhören). Geht der Anführer weiter, folgen die Figuren nicht alle gleichzeitig, sondern warten auf eine bestimmte Distanz zum Anführer, woraufhin sich wieder eine Gruppe hinter ihm bildet.

Eine andere Möglichkeit wäre die Reaktion von Gruppen aufeinander. Bei einer Gruppe hübscher Damen verringert sich die Geschwindigkeit der entgegenkommenden Herren, bei Betrunkenen gehen die anderen Gruppen etwas früher aus dem Weg, und Zombies lösen auf Sichtweite eine Flucht aus – und dies alles geschieht untereinander, und hat mit dem Spieler noch gar nichts zu tun.

So könnte sich um den Spieler ein Fanclub bilden: eine (kleine?) Gruppe folgt immer dem Spieler, hält eventuell einen respektvollen Abstand, und kann zu interessanten Schwierigkeiten führen.

10.5   Abschluss

Es gibt eine einfache (na schön, halbwegs einfache) Methode, solches Benehmen zu testen: man nimmt einen Auszug einer Straßenkarte (wie z.B. Google Maps) und wandelt das Ganze in eine 2D-Karte. Häuser werden als solide eingetragen, Gehwege sind leicht begehbar, während Straßen teurer (bzw. schwieriger) sind.

Danach erstellt man automatisch eine Reihe von Figuren (kleine und große Gruppen, sowie Einzelgänger) auf zufälligen Punkten, jede mit einem eigenen Zufallsziel. Bei Ankunft am Ziel wird ein neues zufälliges Ziel übergeben.

Dabei berechnet man noch die CPU Belastung, und wie viele Figuren gleichzeitig herumlaufen können – und schon haben wir eine recht gute Testumgebung.

10.6   Weiterführende Quellen

- *http://en.wikipedia.org/wiki/Crowd_ simulation* – Einige gute Links.
- *http://web.tiscali.it/maya_ tutorial/* – Interessante Beispiele.

Kapitel 11

Reinforcement Learning

Wir leben alle unter dem gleichen Himmel,
aber wir haben nicht alle den gleichen Horizont.
Konrad Adenauer

Im Reinforcement Learning handelt es sich um eine sehr interessante Art der Problemlösung: wir können das Problem zwar definieren, wissen aber nicht, wie wir es lösen können.

Also erstellen wir einen Agenten, welcher immer akkurater herumexperimentiert und dafür eine Belohnung bekommt. Je besser das Resultat, desto höher die Belohnung: daher die deutsche Bezeichnung **Bestärkendes Lernen**.

Dieses Thema ist *sehr* umfangreich, und wir werden uns hier lediglich ein paar sofort verwertbare Ideen herauspicken. Wollen Sie sich tiefer mit Reinforcement Learning beschäftigen, sehe ich eine Reihe dicker Bücher in Ihrer Zukunft, welche sich ausschließlich mit diesem Konzept befassen.

11.1   Einführung

Es handelt sich hier nicht um *überwachtes Lernen*. Im überwachten Lernen bekommt das System einen großen Stoß Beispieldaten, deren korrekte Lösung bekannt ist. Beantwortet das System einen Punkt falsch, so wird ihm beispielsweise gesagt „Nein, der Wert 7 ist falsch. Die korrekte Antwort ist 42.".

Reinforcement **L**earning (RL) ist hingegen unbeaufsichtigtes Lernen: dem System wird nicht gesagt, ob die gegebene Antwort korrekt ist, sondern lediglich, was sie wert ist: „Diese Antwort ist 0,42 Punkte wert.". Es wird ihm auch nicht gesagt, ob dies eine gute oder schlechte Antwort war – lediglich einen Score gibt es.

Weiterhin geht es hier nicht um einen einzelnen Schritt („Welche dieser drei Aktionen lohnt sich in dieser Situation am meisten?"), sondern um die Summe aller Belohnungen, also der Wert des gesamten Lösungspfades („Wenn ich Aktion A nehme, wie sieht es mit den folgenden Aktionen aus? Hat Aktion B vielleicht eine bessere, höherwertigere Zukunft?").

Schlimmer noch: oft gibt es die Belohnung erst ganz am Schluss. Wurde das Spiel vom System gewonnen, bekommt es eine Belohnung von +1. Hat es das Spiel verloren, gibt es eine negative Belohnung: −1. Keiner der Zwischenschritte wird belohnt, und das System muss selber herausfinden, wie gut welcher Schritt ist, was er wert ist.

RL kann man immer öfter finden. Ein interessantes Beispiel ist das Programm namens *TD-Gammon*, welches sich mit dem Spiel Backgammon beschäftigt.
Anfangs kannte dieses Programm zwar die Spielregeln, hatte aber keine Ahnung von Strategie, und bekam auch keinerlei Tricks beigebracht – ein echter Anfänger eben. Das System spielte 1 500 000 mal (!) gegen sich selbst und erreichte ein sehr hohes Niveau: inzwischen muss man ein echter Experte sein, um es noch schlagen zu können.

Da niemand diesem Programm beigebrachte hatte, *wie* man spielen sollte, entwickelte es seine eigenen Strategien. Beispielsweise war den Profis die Strategie bekannt, welche Weiß zum Spielstart bei einem Wurf von 2–1, 4–1 oder 5–1 durchführen sollte: einen Stein von Feld 6 auf Feld 5 bewegen. *TD-Gammon* hingegen fand heraus, dass der Zug $24 \rightarrow 23$ besser ist.
Inzwischen haben Turnier-Spieler dies nach einigen Versuchen bestätigen können. Backgammon ist eins der ältesten Brettspiele der Welt, aber dieses Programm fand tatsächlich noch etwas Neues.

11.2   Einfaches Q-Learning

Fangen wir mit einem sehr einfachen Beispiel an – siehe Abbildung 11.1 auf der nächsten Seite.

Wir haben eine Unterkunft. Diese besteht aus mehreren Räumen, welche auf bestimmte Art miteinander verbunden sind. Wir wollen herausfinden, wie man am schnellsten aus der Wohnung hinauskommt, und zwar aus einem beliebigen Zimmer.

Z ist unser Ziel: der Garten um das ganze Haus herum. Wir erreichen es entweder von der Küche (K), oder über die Terrasse (T) – es ist ein einstöckiges Haus.

Unseren Algorithmus kann man sich so vorstellen: wir haben einen kleinen Roboter in einem beliebigen Raum. In jedem Raum sieht er, welche Türen zur Verfügung stehen. Er wählt per Zufall eine Tür aus, woraufhin er den nächsten Raum erreicht. Es ist auch möglich, dass er dabei eine Belohnung bekommt, woraufhin er diese Tür nächstes Mal

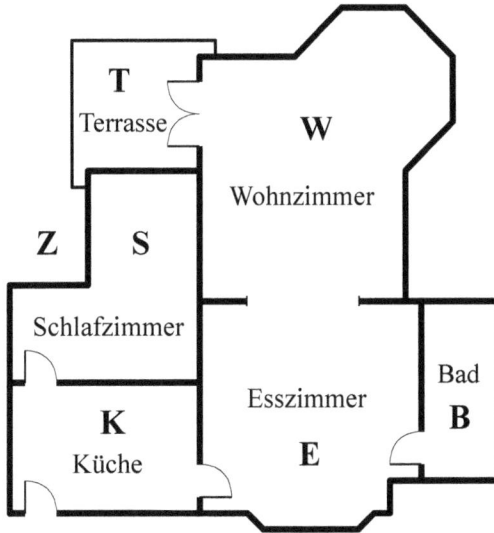

Abb. 11.1: *Hinaus aus dem Haus*

etwas bevorzugt.

Programmtechnisch sehen wir das so: das System hat einen bestimmten Status (der Raum, in dem es sich befindet) und bekommt mehrere mögliche Aktionen vorgesetzt (die Türen). Das Programm wählt eine Aktion zufällig aus, die Aktion wird durchgeführt (was eventuell für eine Belohnung sorgt), und der nächste Status wird erreicht.

Wir repräsentieren den Grundriss am einfachsten als Graph:

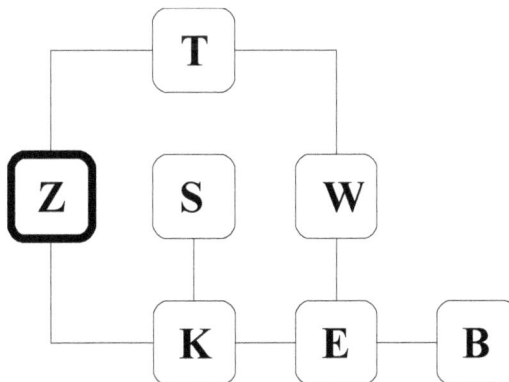

Abb. 11.2: *Bewegungsmöglichkeiten*

Hier haben wir also eine Reihe von Status[1], deren Verbindungen Belohnungen zugewiesen werden. So sind K → Z und T → Z jeweils 1 Punkt wert, während alle anderen eine 0 bekommen.

Die Belohnung hängt von der Richtung ab: K → Z = 1, aber Z → K = 0. Also müssen wir die Verbindungen auch entsprechend darstellen:

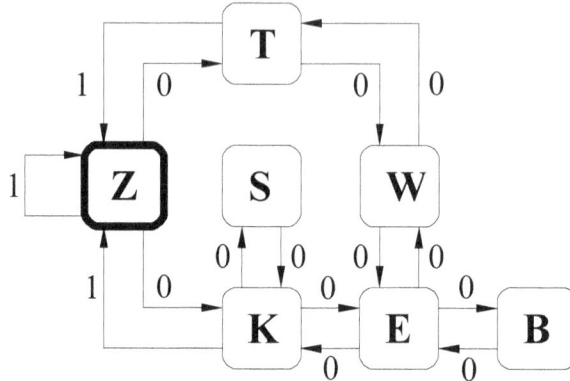

Abb. 11.3: *Verbindungswerte*

Wie Sie sehen, gibt es jetzt eine Verbindung von Z → Z, die auch 1 wert ist. Dies sorgt unter anderem für eine korrekte Berechnung der Statuswerte.

Mittels all dieser Verbindungen können wir uns eine Belohnungsmatrix erstellen, genannt **R** (für *Reward*):

	$\mathbf{R}$	K	S	E	B	W	T	Z
				Nach				
Von	K	–	0	0	–	–	–	1
	S	0	–	–	–	–	–	–
	E	0	–	–	0	0	–	–
	B	–	–	0	–	–	–	–
	W	–	–	0	–	–	0	–
	T	–	–	–	–	0	–	1
	Z	0	–	–	–	–	0	1

Sehen wir uns beispielsweise links den Status T an. Von hier sind lediglich zwei Aktionen möglich: entweder wechselt man nach Status W (Belohnung: 0) oder nach Status Z (Belohnung: 1).
Ja, theoretisch könnten wir uns einfach merken, dass nur das Ziel Z eine Belohnung liefert. Es ist allerdings möglich, dass andere Programme viele verschiedene Belohnungen

---

[1]Ja, die Mehrzahl von ‚Status‘ ist ‚Status‘, nicht ‚Stati‘. Habe lange diverse Duden gewälzt, die das alle bestätigten.

liefern (z.B. könnte B → E eine Belohnung von 0,5 haben), und entsprechend benutzen wir in diesem Beispiel eine Matrix.

Nun müssen wir lernen, was jeder Status denn wert ist. Sobald dies bekannt wird, ist es einfach, von einem beliebigen Raum den Ausgang zu finden: man folgt einfach immer der Verbindung zu dem Status, welcher von allen möglichen Verbindungen am meisten wert ist.

Hier treffen wir also auf **Q-Learning**: wir erstellen die Matrix **Q**, welche unser gesammeltes Wissen enthält und dieselbe Größe wie **R** hat:

Aktion

Q	K	S	E	B	W	T	Z
Status K	0	0	0	0	0	0	0
S	0	0	0	0	0	0	0
E	0	0	0	0	0	0	0
B	0	0	0	0	0	0	0
W	0	0	0	0	0	0	0
T	0	0	0	0	0	0	0
Z	0	0	0	0	0	0	0

Wie Sie sehen, wird alles auf Null initialisiert. Noch wissen wir nicht, welche Aktionen überhaupt möglich sind, und von Statuswerten wissen wir auch nichts.

Es könnte auch komplexer sein. Wäre es unbekannt, wie viele Status es überhaupt gibt, oder welche Aktionen für jeden Status möglich sind (also **R** keine einfache Matrix ist), können wir Anfangs noch nicht einmal die Größe der Matrix **Q** festlegen – wir würden sie also immer entsprechend vergrößern, wenn wir etwas dazulernen.

Wir müssen noch einen Wert definieren: γ (gamma). γ ist ein Wert zwischen 0 und 1 ($0 \leq \gamma \leq 1$), und definiert, wie weit wir vorausehen wollen. Ist der Wert 0, kümmern wir uns nur um den direkten nächsten Schritt. Je näher γ an 1 kommt, desto weiter sehen wir voraus.
Ein guter Wert für γ ist 0,9.

Fangen wir also an zu lernen. Jedes Mal, wenn wir in einem neuen Raum, bzw. Status ankommen, lernen wir etwas dazu, was dann in **Q** abgelegt wird.
Wir wählen jetzt zufällig einen Status aus, sagen wir: K (wir befinden uns also in der Küche). Von hier sind drei Aktionen möglich: entweder wir gehen nach S, E, oder Z. Wir wählen zufällig eine dieser drei Aktionen: Z.

Jetzt wird folgende Formel ausgeführt:

$$\mathbf{Q}(Status, Aktion) = \mathbf{R}(Status, Aktion) + \gamma \times Max(\mathbf{Q}(NeuerStatus, AlleAktionen))$$

Die Formel bedeutet: Der Wert der ausgeführte Aktion in unserem momentanen Status ist der entsprechende Wert aus der **R** Matrix plus die bestmöglichste **Q**-Aktion im erreichten Status, multipliziert mit gamma (γ).

In unserem Fall wäre es also:

$$
\begin{aligned}
\mathbf{Q}(K,Z) &= \mathbf{R}(K,Z) + \gamma \times Max(\mathbf{Q}(Z \to K, Z \to T, Z \to Z)) \\
&= \mathbf{R}(K,Z) + \gamma \times Max(0,0,0) \\
&= \mathbf{R}(K,Z) + \gamma \times 0 \\
&= 1 + 0 \\
&= 1
\end{aligned}
$$

*(Ja, $Z \to Z$ ist 0: es wird aus **Q** ausgelesen, welches hier immer noch auf 0 initialisiert ist).*

Also: sind wir im Status K und gehen nach Z, so ist dies 1 wert. Entsprechend sieht unsere **Q** Matrix nun so aus:

		Aktion						
Q		K	S	E	B	W	T	Z
Status	K	0	0	0	0	0	0	1,0
	S	0	0	0	0	0	0	0
	E	0	0	0	0	0	0	0
	B	0	0	0	0	0	0	0
	W	0	0	0	0	0	0	0
	T	0	0	0	0	0	0	0
	Z	0	0	0	0	0	0	0

Da wir jetzt Status Z erreicht haben, fangen wir nochmal von vorne an. Wieder wählen wir einen zufälligen Status aus: E.
Hier haben wir drei mögliche Aktionen: K, B oder W. Rein zufällig wählen wir K:

$$
\begin{aligned}
\mathbf{Q}(E,K) &= \mathbf{R}(E,K) + \gamma \times Max(\mathbf{Q}(K \to S, K \to E, K \to Z)) \\
&= \mathbf{R}(E,K) + \gamma \times Max(0,0,1) \\
&= \mathbf{R}(E,K) + \gamma \times 1 \\
&= 0 + 0,9 \\
&= 0,9
\end{aligned}
$$

Diesen Wert tragen wir in **Q** ein:

Aktion

Q		K	S	E	B	W	T	Z
Status	K	0	0	0	0	0	0	1,0
	S	0	0	0	0	0	0	0
	E	0,9	0	0	0	0	0	0
	B	0	0	0	0	0	0	0
	W	0	0	0	0	0	0	0
	T	0	0	0	0	0	0	0
	Z	0	0	0	0	0	0	0

Jetzt befinden wir uns in Status A. Erneut wählen wir eine der jetzt möglichen Aktionen aus: entweder K → S, K → E, oder K → Z...

Und so geht das immer weiter. Jedes Mal wenn wir Z erreichen, fangen wir von vorne an. Machen wir das lange genug, sieht unsere **Q** Matrix am Schluss so aus:

Aktion

Q		K	S	E	B	W	T	Z
Status	K	0	0,81	0,81	0	0	0	1,0
	S	0,9	0	0	0	0	0	0
	E	0,9	0	0	0,73	0,81	0	0
	B	0	0	0,81	0	0	0	0
	W	0	0	0,73	0	0	0,9	0
	T	0	0	0	0	0,81	0	1,0
	Z	0,9	0	0	0	0	0,9	1,0

Jetzt kennen wir z.B. den schnellsten Weg aus dem Esszimmer in's Freie: Im Status E haben wir die drei Möglichkeiten E → K, E → B, oder E → W. Die Werte in **Q** wären 0,9, 0,73 oder 0,81. Also wählen wir den höchstwertigsten: K, mit 0,9. Von dort ist der beste Weg (Wert: 1,0) Richtung Z. Und schon sind wir draußen.

Es kann eine Weile dauern, biss alle **Q**-Werte wirklich korrekt sind, aber danach ist die Wegfindung sehr schnell und einfach. Wir müssen dann nicht mehr alle möglichen Pfade bis zum Ziel verfolgen und dabei die möglichen Belohnungen aufsummieren, um den besten aller Pfade zu finden: dies ist bereits in allen Statuswerten inbegriffen.

Das ist natürlich ein ziemlich einfaches Beispiel. Systeme können tausende von Status haben, mit einer unterschiedlichen Anzahl Aktionen pro Status.
Dazu wählten wir jedes Mal eine zufällige Aktion, was dazu führte, dass wir uns die ganze Zeit zufällig durch die Räume bewegten – erst als alle möglichen Aktionen mehrfach bewertet wurden, konnten wir effizient den Weg nach draußen finden.

Also sehen wir uns an, wie man aus den möglichen Aktionen effektiver wählt:

11.3   Einarmige Banditen

Stellen Sie sich vor, Sie befinden sich in einem Raum mit 10 Einarmigen Banditen. Nein, keine bewaffnete Räuber, sondern die klassischen Glücksspielautomaten: ziehen Sie den Hebelarm an der Seite, und entweder kommt unten Geld heraus (sagen wir: ein Euro), oder eben nicht. Jeder Bandit bietet eine andere Gewinnchance – die Sie allerdings nicht kennen.
Jetzt hören Sie, dass Sie genau 1000 Versuche bekommen. Gratis. Wie sorgen Sie dafür, Ihren Gewinn zu maximieren? Welches Gerät wählen Sie wann?

Es gibt hier mehrere Strategien:

- **Zufall**: Sie wählen ein beliebiges Gerät, ziehen am Hebel, und sammeln (hoffentlich) den Gewinn ein. Dann wählen Sie per Zufall ein neues Gerät.
  Eine triviale Strategie, mit einem zufälligen Endgewinn.

- **Verlierer verlassen**: Sie wählen ein beliebiges Gerät. Solange Sie hier gewinnen, bleiben Sie dran. Sobald Sie einmal verlieren, wechseln Sie das Gerät.
  Dies liefert bessere Resultate als die Zufalls-Strategie, ist aber nicht besonders optimal.

- **Besten wählen**: Sie wählen erst ein paar zufällige Geräte und zählen mit, wo am meisten gewonnen wurde. Und dann benutzen Sie nur diese.
  Das klingt recht gut, aber das Problem hier ist, dass Sie anfangs einfach Pech haben können – das eine Gerät bietet normalerweise sehr viel bessere Gewinne, wird aber von Ihnen nicht mehr verwendet.

Also optimieren wir die letzte Strategie. Wir merken uns den Wert jedes Gerätes, wie oft wir es verwendet haben, und wie viel Gewinn dabei herauskam:

$$Wert = \frac{\sum Gewinn}{Verwendungen}$$

Daraufhin werden wir in, sagen wir, 90 % unserer Zeit immer das wertvollste Gerät bedienen, aber 10 % unserer Zeit wählen wir ein zufälliges Gerät aus, um zu lernen, was denn die Gewinnchancen der anderen Geräte sind.
Diese Strategie nennt sich *Erforschung vs. Ausnutzung* (auf englisch klingt das so viel besser: *Exploration vs. Exploitation*).

11.4   Erweitertes Q-Learning

Kombinieren wir diese Konzepte, bekommen wir einen lernfähigen Roboter, welcher die möglichen Aktionen in jedem Status intelligent auswählen kann.

Nehmen wir als Beispiel die Steuerung von drei Aufzügen über zehn Stockwerke. Die Position der Aufzüge stellt den Status dar; ein möglicher Status wäre zum Beispiel *Aufzug A: 1. Stock, Aufzug B: 7. Stock, Aufzug C: 3. Stock* sowie *Tastendruck im 3. Stock + Tastendruck in Aufzug B*. Die Aufzugsteuerung stellt die möglichen Aktionen pro Aufzug dar: *ein Stockwerk hoch, ein Stockwerk hinunter, anhalten*.

Die Belohnung wird durch die Wartezeiten der Mitfahrer definiert: je kürzer die Wartezeit, desto besser.

Als zusätzlichen Status kann man noch die ungefähre Uhrzeit einbauen (*Morgens, Vormittags, Mittags, Nachmittags, Abends* und *Nachts*), woraufhin ein sehr schnelles und effizientes System entsteht.

Dieses System wurde tatsächlich erstellt, und zeigte sich deutlich effektiver als die typische Aufzugsteuerung. Damit es nicht zu viel Ärger gab, wurden in der primären Lernphase natürlich die Aufzüge lediglich simuliert... nicht nur bewegen diese sich im Computer sehr viel schneller, auch werden die Benutzer anfangs nicht hochgradig verärgert.

11.4.1 Inkrementelles Lernen

Unserem kleinen Wohnungs-Roboter fiel es leicht: langsam lernte er den konstanten Wert jeder Aktion. Inzwischen aber liefern die Aktionen verschiedene Werte. Anstatt „Dies ist immer eine gute Idee" haben wir jetzt ein „Dies ist meistens eine gute Idee". Liefert eine Aktion also mal eine niedrigere Belohnung, kann man das bisherige Wissen nicht einfach überschreiben. Aktionen müssen somit immer wieder untersucht werden.

Entsprechend definieren wir eine Lernrate α (Alpha), welche auch zwischen 0 und 1 liegt. Ist dieser Wert zu hoch, beachtet das System die neuesten Werte zu sehr; ist er zu niedrig, lernt das System sehr langsam. Ein α-Wert von 0,1 eignet sich typischerweise gut.

Also müssen wir unsere **Q**-Formel modifizieren. Was früher direkt **Q**(*Status, Aktion*) war, ist jetzt der Wert der momentanen Aktion:

$$Wert_{Aktion} = \mathbf{R}(Status, Aktion) + \gamma \times Max(\mathbf{Q}(NeuerStatus, AlleAktionen))$$

und dieser Wert wird in eine **Q**(*Status, Aktion*)-Modifikation eingebaut:

$$\mathbf{Q}(Status, Aktion) = (1 - \alpha) \times \mathbf{Q}(Status, Aktion) + \alpha \times Wert_{Aktion}$$

So ändert sich der **Q**(*Status, Aktion*)-Wert langsam, statt immer einfach ersetzt zu werden.

11.4.2   Erforschung vs. Ausnutzung

Es lohnt sich durchaus, den Prozentsatz der Forschung von der Anzahl Versuche abhängen zu lassen: anfangs erforschen wir 50 % der Geräte, aber langsam lassen wir diesen Wert auf 10 % oder noch weniger sinken. So lernen wir am Anfang relativ schnell, welches Gerät sich wirklich lohnt, und gewinnen später mehr Geld, indem wir uns immer mehr auf die lohnenswerten Geräte konzentrieren.

Eine andere Methode wäre eine besondere Initialisierung der **Q**-Matrix. Normalerweise wird diese immer mit Nullen gefüllt, aber wir können auch für jede Aktion einen deutlich zu hohen Wert eintragen.
Das System wird gerade anfangs sehr viel enttäuscht werden („Nein, diese Aktion ist eben *nicht* so viel wert!"), aber diese Werte werden durch das inkrementelle Lernen bald gesenkt. Dies sorgt auch dafür, dass anfangs sehr viel mehr neue Aktionen erforscht werden. Im Laufe der Zeit werden die Werte dann realistischer, und es wird entsprechend weniger geforscht.

Es kann vorkommen, dass zwei Aktionen eines Status sehr ähnliche Belohnungen haben. In diesem Fall sollten wir nicht einfach die unwesentlich bessere Aktion wählen, sondern stattdessen die weniger getestete.

Aber wir sollten nie den Gedanken aus den Augen verlieren, tatsächlich alle Aktionen immer wieder auszuprobieren: der Erforschungsprozentsatz fällt nie auf Null. Dies ist besonders interessant, falls Aktionen ihre Werte langsam ändern sollten. So kann das System sich an Wandlungen der Umgebung anpassen.

Weiterhin kann es sich lohnen, anfangs einem Menschen einige Male die Kontrolle zu geben. Das System beobachtet ihn dabei, trägt entsprechende Werte für die gewählten Aktionen ein, und hat bald eine gute Initialisierung.

11.4.3   Zu viele Status

Es kann leicht vorkommen, dass die Anzahl diverser Status zu hoch wird. Beispielsweise treten beim Spiel Backgammon etwa 10^{20} verschiedene Status auf, und somit lässt sich keine einfache **Q**-Matrix mehr verwenden.

Eine oft verwendete Lösung ist es, ein Neuronales Netz (siehe Seite 59) einzubinden, welches die Funktion der Matrix **Q** übernimmt. Daraufhin werden nur noch ungefähre Werte für die Status gespeichert, was aber immer noch für gute Resultate sorgt.
Es wurde bewiesen, dass mit einer Matrix immer eine optimale Lösung gefunden werden kann, was bei Neuronalen Netzen natürlich nicht der Fall ist. Zusätzlich kann die Implementierung ein wenig problematischer werden. Das in der Einführung erwähnte Programm *TD-Gammon* verwendet beispielsweise solch ein Neuronales Netz.

11.5 Weiterführende Quellen

- *http://en.wikipedia.org/wiki/Reinforcement_Learning* – Eine lange, gute Beschreibung im Wikipedia.
- *http://www.robocup.hs-weingarten.de/dokumente/cubek_dp_mc_td.pdf* – Einführung einer Vorlesung.
- *http://www.ke.tu-darmstadt.de/lehre/archiv/ws1011/ki/reinforcement-learning.pdf* – Noch eine gute Vorlesung dazu.
- *http://neuro.bstu.by/ai/RL-3.pdf* – Klassisches Buch zu dem Thema (und laaang).

Kapitel 12

Schwarmintelligenz

Die Menge, von der der Einzelne kein tüchtiger Mann ist, scheint doch in ihrer Gesamtheit besser sein zu können als jene Besten... denn es sind viele, und jeder hat einen Teil an Tugend und Einsicht.
Aristoteles

Schwarmintelligenz (auch *Kollektive Intelligenz* genannt) beschäftigt sich mit der Überlegung, dass die Zusammenarbeit vieler einfacher Teilchen zu etwas interessantem führen kann: eine Gruppe mit neuem Verhalten und deutlich komplexeren Eigenschaften.

Dieses Konzept ist für viele Gruppen von Interesse:

- Soziologen: „konsensbasierte Entscheidungsfindung"
- Systemtheoretiker: „Internet + User → Superorganismus"
- Biologen: „Bienenstaat"
- Neurologen: „Viele einfache Neuronen → intelligentes Gehirn"
- Informatiker: „Verteilte Künstliche Intelligenz"

Auch die Filmindustrie benutzt dies bereits, z.B. wurde das Konzept für die Berechnung der riesigen Kampfszenen in *Lord of the Rings*[1] verwendet; die Bewegung der einzelnen Orcs in der angreifenden Armee waren alle computergesteuert.

Vorsicht: der Ausdruck *Schwarmintelligenz* findet sich mehr und mehr als PR/Mode-Schlagwort, darunter auch für Peer-to-Peer (P2P) Netze – dies ist aber etwas anderes.

---

[1] Ja, *die* schon wieder...

Wir interessieren uns hier primär für das intelligent erscheinende Schwarmverhalten von Gruppen wie Vögeln, Fischen, Ameisen oder Bienen, bzw. den darauf basierenden Algorithmen.

Betrachten wir zwei Beispiele: Boids und Ameisen.

12.1   Boids

Boids steht für *Bird-Like Object* und wurde 1986 von Craig Reynolds definiert.

12.1.1   Regeln

Hier wird ein Schwarm von Wesen simuliert, deren individuelle Bewegung auf nur drei Regeln basiert:

- *1. Angleichung* Boids versuchen, sich der Geschwindigkeit und Richtung der Nachbarn anzupassen.

- *2. Separation* Boids wollen nicht *zu* eng aneinander sein, also wird eine Richtung gewählt, wo nicht so viele Nachbarn zu finden sind

- *3. Zusammenhalt* Boids wollen einen Schwarm bilden – jeder findet die gemittelte Position der Nachbarn, und fliegt dort hin.

Bei Fischen sieht das z.B. so aus:

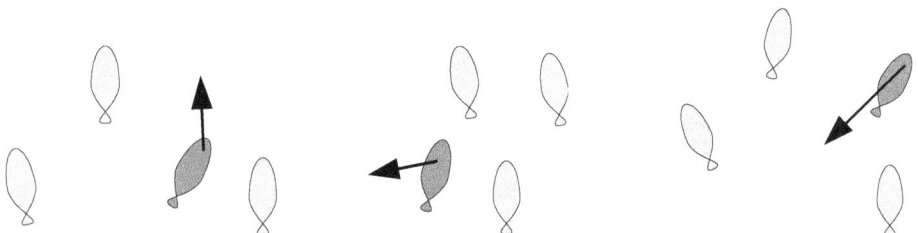

Abb. 12.1: *Angleichung*   **Abb. 12.2:** *Separation*   **Abb. 12.3:** *Zusammenhalt*

Die Summierung aller drei Richtungen sorgt für eine interessante Mischung: das Bewegungsmuster ist sowohl chaotisch (Boids haben kein Ziel, und der Schwarm kann aufbrechen) als auch geordnet (Boids passen sich im Benehmen aneinander an). Das Ganze resultiert in einem recht lebensähnlichen Verhalten.

Diese drei Regeln genügen bereits, um einen Schwarm von Boids zu erstellen.

Hier noch ein paar weitere Gedanken:

12.1.2   Sicht

Die Sicht der Boids sollte limitiert sein, und zwar relativ nahe.
Nicht nur sorgt dies für eine schnellere Implementierung (wir müssen uns in einem großen Schwarm nicht mehr mit jedem einzelnen Nachbarn beschäftigen), sondern es erlaubt auch ein Aufspalten des Schwarms, wenn ein Hindernis zu umfliegen ist.

Ein weiterer Vorteil ist es, dass die Boids in der Mitte des Schwarms nicht von den Boids am Rande des Schwarms beeinflusst werden, während die Außenseiter mehr zum Schwarm hin steuern.

Ein Boid sollte also:

- Sich nur um die allernächsten Nachbarn kümmern, etwa 3 oder 4 (hängt von deren Distanz ab).
- Lediglich nach vorne und seitlich schauen – ein Blickwinkel von 270° ist völlig ausreichend (es ist realistischer, wenn der Boid nicht nach hinten sehen kann).
- Weniger von weiter entfernten Objekten beeinflusst werden: diese werden mit dem Quadrat des Abstandes uninteressanter.

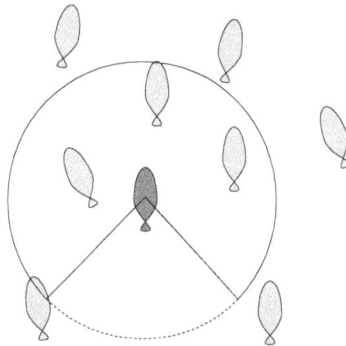

Abb. 12.4: *Blickwinkel und Sichtweite*

12.1.3   Hindernisse

Sollen Boids zu mehr fähig sein als wie Vögel hoch am Himmel zu kreisen, müssen sie Hindernissen individuell ausweichen können.

Ist für den Boid der Rand des Hindernisses sichtbar, kann er darauf zusteuern, und dabei einen gewissen Abstand einhalten. Ist kein Rand sichtbar, kann der Boid parallel zum Hindernis fliegen; natürlich innerhalb der Sichtweite:

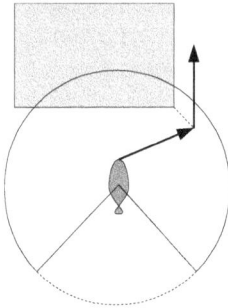

Abb. 12.5: *Rand gefunden*   **Abb. 12.6:** *Kein Rand sichtbar*

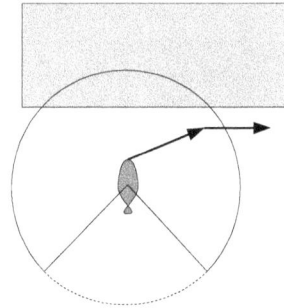

Auch könnten Gegner (Adler? Haie?) auftreten – diesen ist auch auszuweichen:

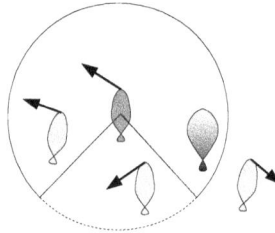

Abb. 12.7: *Alle flüchten vor dem Hai*

12.1.4   Anführer

Eine weitere Option für die Bewegung der Boids wäre ein Anführer.

Die Kursberechnung des Anführers muss individuell durchgeführt werden (bei ihm handelt es sich ja nicht mehr um einen Boid), und alle Boids hätten den Wunsch, dem Anführer zu folgen.

Typischerweise kann jeder Boid diesen Anführer sehen (hier gibt es also keine Sichtbegrenzung), aber optional kann die Wichtigkeit weiterhin im Abstandquadrat abnehmen... somit hat der Anführer zwar einen gewissen Einfluss, aber die Gruppe ist deutlich flexibler.

Auf diese Weise kann man auch dafür sorgen, dass die Boids generell einem vorgegebenen Kurs folgen, wenn sie z.B. einfach nur von Ost nach West über den Himmel fliegen.

12.1.5   Kursberechnung

Nun haben wir also eine Reihe unterschiedlicher Kurse, welche zu einem gewünschten Kurs zusammengefasst werden müssen. Dabei ist es typischerweise nicht genug, einfach einen Durchschnitt zu erstellen, da die Kurse sich gegenseitig annullieren könnten, und der Boid eben doch mit der Wand kollidiert.

Also lohnt es sich, jeder gewünschten Richtung eine Priorität zuzuordnen – sagen wir, zwischen 0 und 100. Dazu haben wir eine maximale ,Prioritätshöhe' es werden also zuerst die Kurse mit höchster Priorität bearbeitet, und falls deren Prioritätssumme die maximale Prioritätshöhe überschreitet, werden die weniger wichtigen Kurse schlicht ignoriert.

Als Beispiel hat ein Boid mit einer Prioritätshöhe von 100 folgende Kurswünsche:

- Anpassung an die Nachbarn: 10 %
- Separation: 15 %
- Zusammenhalt: 8 %
- Kollisionsobjekt (nicht *zu* weit voraus): 80 %

Anscheinend ist das Objekt noch nicht zu nahe, und somit beeinflusst sein Ausweichkurs den Boid-Kurs noch um ,lediglich' 80 %. Es folgt die Separation mit 15 %.
Jetzt haben wir also eine Prioritätssumme von $80 + 15 = 95$. Der nächstwichtigste Kurswunsch wäre die Anpassung mit 10 %, von denen aber nur noch 5 % übrigbleiben, bevor die Summe 100 überschreitet. Der letzte Kurswunsch (Zusammenhalt, mit nur 8 %) wird somit ignoriert.

Schlussendlich besteht der endgültige Kurs aus:

- 80 % Ausweichkurs,
- 15 % Separationskurs, und
- 5 % Anpassungskurs.

12.2   Ameisen-Algorithmus

Auf Englisch wird dies als *Ant Colony Optimization* (ACO) bezeichnet.

Der Algorithmus wurde den Ameisen abgeschaut: wie finden diese einen möglichst kurzen Pfad zwischen ihrer Kolonie und dem gefundenen Ziel (z.B. dem Picknickkorb)?

Dieser Algorithmus hat den zusätzlichen Vorteil, dass er sich in Echtzeit an eine verändernde Umgebung anpassen kann. Entsprechen findet er inzwischen immer mehr Verwendung, von Busrouten über Fertigungssteuerung bis hin zur Personaleinsatzplanung bei Fluggesellschaften.

12.2.1   Vorgang

Zuerst läuft die Ameise mehr oder weniger zufällig umher. Sobald sie etwas zu Essen findet, rennt sie nach Hause und hinterlässt dabei einen bestimmten Geruch (Pheromon) auf dem Boden. Der dabei genommene Pfad ist typischerweise wenig optimisiert – die Ameise rennt ungefähr in Richtung Kolonie, bis sie ihr Ziel findet.

Andere Ameisen werden durch den Geruch angelockt, rennen auch zum Essen und transportieren einen Teil davon zurück. Dabei hinterlassen sie auch eine Spur, folgen der Originalspur aber nicht zu 100 %: eventuell wird ein Hindernis umgangen, sie versuchen hinüberzusteigen, oder laufen etwas zu lange geradeaus (was eine Zick-Zack Vorlage in eine geradere Linie verwandeln kann):

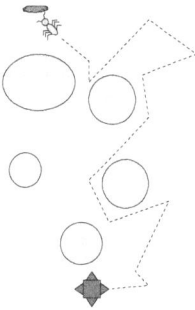

Abb. 12.8: *Essen gefunden*   **Abb. 12.9:** *Spur legen*   **Abb.   12.10:** *Geänderte Spuren*

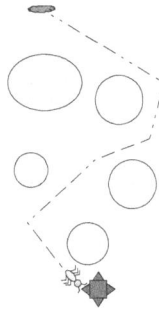

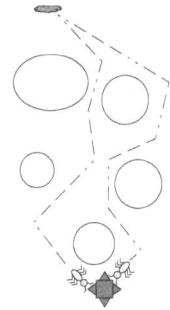

Nun halten diese Pheromone nicht ewig, sondern verdunsten langsam. Jede darüberlaufende Ameise verstärkt jedoch den Geruch auf diesem Teil des Weges.

Entsprechend riechen öfter belaufene Wege stärker, und selten besuchte Wege verschwinden.

Auf einem deutlich kürzeren Weg sind Ameisen schneller wieder zu Hause, woraufhin sie früher wieder zurück zum Essen rennen können, und somit den Geruch ihres Weges noch mehr verstärken. Die Wahl des Weges hängt von der Stärke der Pheromone ab, und so werden kürzere Wege bevorzugt.

Es dauert nicht lange, und ein Weg wird gefunden, dem fast alle folgen. Dies muss nicht der optimale Weg sein, aber es ist ein guter Weg.

Auf diese Weise wird gemeinsam ein Problem gelöst, welches für eine einzelne Ameise zu komplex ist.

12.2.2 Algorithmus

Nutzen wir also dieses Konzept, um beispielsweise ein klassisches Problem zu lösen: das *Problem des Handlungsreisenden* (auch *Rundreiseproblem* genannt, aber wohl am besten unter dem englischen Titel *Travelling Salesman Problem* bekannt).

Wir wollen eine bestimmt Anzahl Städte besuchen, jede Stadt nur einmal, und dabei den kürzesten Weg finden.

Das ist nicht ganz unkompliziert... alle Städte sind miteinander verbunden, und bei 15 Städten existieren somit $\frac{14!}{2}$ mögliche Rundwege: das sind 43 589 145 600 Möglichkeiten. Es würde ein bisschen lange dauern, diese alle auszuprobieren um die kürzeste Distanz zu finden.

Mit dem Ameisen Algorithmus können wir dieses Problem lösen. Es wird vermutlich nicht der optimale Weg gefunden, aber uns genügt bereits eine sehr gute Rundreise. Fangen wir an:

1. Alle Städte sind mit allen anderen Städten verbunden.

2. Die Geruchsmenge all dieser Verbindungen wird auf Null initialisiert.

3. Jede Ameise beginnt in der gleichen Stadt.

4. Von jeder Stadt betrachten wir alle Verbindungen zu den anderen Städten, welche wir noch nicht besucht haben. Die Wahl der nächsten Verbindung hängt von der Distanz zu dieser Stadt ab, und wie stark dieser Weg bereits nach anderen Ameisen riecht:

$$Interesse = Geruchsmenge \times \frac{1}{Distanz}$$

Die Chance, einen bestimmten Weg zu nehmen, hängt also vom Interesse dieses Weges ab, dividiert durch die Summe aller Interessen der möglichen Wege von diesem Ort:

$$Chance = \frac{Geruchsmenge \times \frac{1}{Distanz}}{\sum Interesse}$$

Achtung: ist die Geruchsmenge (noch) Null, wird er ignoriert (ergo in der Formel auf *1* gesetzt – sonst würde das ganze Resultat immer *Null* sein).

5. Von den möglichen Wegen wählen wir also zufällig einen aus, wobei die Wahl von den berechneten Chancen abhängt. Selbst wenn ein Weg noch nie benutzt wurde, besteht doch eine kleine Chance, dass er genommen wird – so wird nach eventuell besseren Verbindungen gesucht.

6. Sind wir wieder am Startpunkt, merken wir uns die komplett zurückgelegte Distanz und aktualisieren die Gerüche auf *allen* Wegen. Dabei verstärken wir nicht nur die Geruchsmenge auf den eben benutzen Wegen, sondern lassen alle Gerüche generell langsam verdunsten. Der Geruch auf jedem möglichen Pfad hängt also nicht nur von der eben zurückgelegten Weglänge ab, sondern auch von der Verdunstung:

$$Geruch = (1 - Verdunstung) + \frac{1}{Distanz}$$

7. Wir senden also hintereinander eine ziemliche Menge Ameisen los, bis sich eine gute Lösung gefunden hat.

Die Effizienz dieses Algorithmus können wir noch mit zwei Parametern justieren, welche beide liegen zwischen 0 und 1 liegen.

Nicht nur benötigen wir die Verdunstungsrate

- *Verdunstungrate*: wie schnell verdunstet der Geruch auf dem Weg?

sondern noch zwei Parameter für die Interessenberechnung:

$$Interesse = (Geruchsmenge \times pGeruchsmenge) \times \frac{1}{(Distanz \times pDistanz)}$$

- *pGeruchsmenge*: wie wichtig ist es, dem Weg mit dem stärksten Geruch zu folgen?
- *pDistanz*: wie sehr wollen wir die am nächsten gelegene Stadt aufsuchen?

12.2.3   Generelle Problemlösung

Natürlich ist auch dieser Algorithmus für eine generelle Problemlösung von Nutzen. Wie schon im Kapitel Wegfindung auf Seite 37 erwähnt, können solche Algorithmen für jedes Problem verwendet werden, welche als begehbare Umgebung (definierte Positionen, verbunden mit anderen Positionen) dargestellt werden können.

Dies funktioniert in allen Dimensionen:

- 2D: Wir suchen den besten Weg in den Garten, ohne den Kater im Wohnzimmer zu wecken.
- 3D: Wie greifen wir am besten den über uns fliegenden Bomber an?
- 4D: Wie finden wir rechtzeitig eine Reparaturstation für unser Raumschiff?

12.3 Weiterführende Quellen

- *http://www.red3d.com/cwr/boids/* – Sehr gute Erklärung mit vielen Links.
- *http://gpolo.github.com/birdflocking/* – Boids als Grafik, mit möglichen Hindernissen.
- *http://processing.org/learning/topics/flocking.html* – Große Code/Animationsvorführung, darunter auch Boids.
- *http://en.wikipedia.org/wiki/SimAnt* – Die SimAnt Simulation von *Maxis*.
- *http://http://www.antme.net* – Das AntMe!-Projekt: programmieren einer KI für Ameisen.

Kapitel 13

Künstliche Dummheit

Wenn ein Mann eine wirklich dumme Sache macht,
so tut er es immer aus den edelsten Motiven.
Oscar Wilde

Computer sind den Menschen in vielen Dingen deutlich überlegen. Ein nützliches Instrument, welches uns allerhand Arbeit abnimmt, und vieles erst ermöglicht.
Bei Computerspielen kann dies jedoch zu Schwierigkeiten führen – der Spieler will Freude am Spiel haben und braucht entsprechende Gewinnchancen. Einstellbare Gewinnchancen, je nach Laune und Fähigkeiten des Spielers. Jedes Mal haushoch zu verlieren würde keine besondere Begeisterung auslösen.

In einem Spiel darf der Computer also nicht immer die maximalen KI-Möglichkeiten ausnutzen, da das Spiel sonst schlicht keinen Spaß macht. Stattdessen muss er sich dumm anstellen, ohne dabei jedoch aufzufallen.
Er muss sich also auf schlaue Weise dumm anstellen, und dies ist tatsächlich schwieriger, als ‚nur' intelligent zu sein. Das System muss in der Lage sein, *intelligente* Fehler einzuführen, Fehler, die auch einem Menschen passieren könnten. Solche Fehler müssen absichtlich, aber glaubwürdig erscheinen.

Generell genügt es nicht einfach, dem Rechner weniger Rechenzeit zu erlauben. Er könnte zum Beispiel aus 20 möglichen Lösungen nur die ersten 8 berechnen, und aus diesen wählt er dann die Nummer 7 als bisher beste Lösung. Leider ist die Lösung Nummer 15 sehr offensichtlich, und somit würde jede andere Reaktion auffallend dumm aussehen – was nicht das Ziel ist.

Es lassen sich dynamische Schwierigkeiten einbauen: ist der Spieler stark geschwächt, kann sich die KI kurzfristig etwas dümmer anstellen, leichter Figuren verlieren und sich mehr um Aufbau als um Schlachten kümmern.

Eine andere Methode wäre es, eine Liste der fünf besten Möglichkeiten zu erstellen, und via Zufall (oder Schwierigkeitseinstellung) eine davon zu wählen. Dies sorgt natürlich für eine noch komplexere Berechnung – man muss wirklich schlau sein, um sich glaubwürdig dumm anzustellen.

13.1   Beispiel: FPS

Im neuesten FPS (**F**irst **P**erson **S**hooter) Computerspiel schleichen Sie durch den Wald und erblicken in sehr großer Entfernung einen Gegner am Strand. Selbst mit dem Scharfschützengewehr hätten Sie in diesem realistischen Spiel keine Chance, ihn auf solche Distanz zu treffen: keine Ahnung, wie tief die Kugel im Flug absinken würde, und der leichte Wind würde das Ziel sowieso völlig verfehlen lassen. Also beobachten Sie den Gegner durch das Zielfernrohr und überlegen, was zu machen ist.

Natürlich weiß Ihr Gegner sehr genau, wo Sie sich aufhalten. Theoretisch könnte er sich umdrehen, die Kugelbewegung akkurat berechnen und Ihnen auf maximale Entfernung durch das Zielfernrohr ins Auge schießen.
Stattdessen steht er da, blickt über das Meer und raucht. Und tut so, als hätte er sie noch nicht gesehen.

Der Spieler hat bereits diverse Vorteile (er ist in der Lage, in schwerer Panzerung, mit sieben verschiedenen teils sehr großen Schusswaffen und soliden Stiefeln lautlos durch das Gestrüpp zu schleichen), aber die KI benötigt weitere Limitationen:

- **Sichtbreite**: Die KI-Person sieht nur nach vorne, mit einer Sichtbreite von etwa 160 Grad. Je weiter der Spieler sich am Rande der Sicht aufhält, desto höher die Chance, dass er übersehen wird. Je einfacher das Spiel eingestellt ist, desto schlechter sehen ihn die Gegner.

- **Sichtweite**: Die Sichtweite des Computers ist ebenso limitiert, wobei diese vom Gelände abhängt: im Wald kann der Gegner deutlich weniger weit sehen als in einer Wüste.

- **Gehör**: Je einfacher der Schwierigkeitsgrad, desto schlechter können die Gegner hören. Selbst Schüsse können ab 200 Metern überhört werden.

- **Konzentration**: Vernimmt die Wache ein Geräusch, verlässt sie den Posten und geht suchend in das entsprechende Zimmer. Die Konzentrationsfähigkeit entscheidet, ob (und wie lange) die Wache weiter sucht, oder der versteckte Spieler den gemurmelten Kommentar „Na, da war wohl doch nichts" zu hören bekommt.

- **Reaktionsgeschwindigkeit**: Wie überrascht tut die KI, wenn sie auf den Spieler aufmerksam wird? Wie schnell wird die Waffe gehoben, wie schnell eine Deckung aufgesucht?

- **Zielfähigkeit**: Wie bereits erwähnt, darf die KI nicht genau schiessen. Manche (sehr erfolgreiche) Computerspiele haben eine Schuss-Streuung von bis zu 40 Grad – und es handelt sich dabei lediglich um eine sehr breite Gaussche Verteilung. Die meisten Schüsse müssen ungenau sein...

So erklärt sich auch ein Treffen im Wachhaus: der Spieler geht durch die Tür in einen Raum, und überrascht dort einen KI-Gegner. Dieser könnte sich sofort umdrehen und den Spieler erledigen; stattdessen wird erst die ‚Erschrecken' Animation abgespielt, dann erst dreht er sich um, ruft nach Unterstützung, hebt die Waffe, der erste Schuss geht daneben (und trifft vor dem Spieler, am besten etwas zerbrechliches wie einen Bildschirm, eine Fensterscheibe oder eine Vase), und erst der zweite Schuss ist gezielt.
Hat der Spieler bis dahin nicht reagiert, nun, es kann nicht jeder gewinnen.

Begegnet der Spieler einer Gruppe von Gegnern, sollte zwar viel los sein, aber nur zwei KI-Gegner feuern gleichzeitig, da der Spieler sonst wenig Chancen hat. Die anderen machen lediglich einen beschäftigten Eindruck: nachladen, Befehle rufen, die Deckung wechseln oder sich verbergen.

Gerade bei FPS Spielen stehen buchstäblich hunderte von Gegnern einem Spieler gegenüber – und dieser erwartet, eine gute Gewinnchance zu haben.

Künstliche Dummheit ist hier für die KI leicht: den Spieler übersehen, viele Geräusche überhören, und recht schlecht schießen. Laut nach Unterstützung rufen und wild herumballern ist für den Rechner eine einfache Art, sich doof anzustellen, ohne dabei aufzufallen.

13.2   Beispiel: Schach

Computer haben die Schachweltmeister geschlagen. Inzwischen ist es so weit, dass sogar der PC auf Ihrem Schreibtisch fast einen Schachmeister besiegen könnte, und entsprechend haben selbst gute Schachspieler eigentlich keine Chance mehr.

Dennoch wollen Menschen Schach spielen – und stehen keine Mitspieler zur Verfügung, muss der Computer der Gegner sein. Ein einstellbarer Gegenspieler, der für Anfänger wie Experten eine Herausforderung darstellt, aber nicht unbedingt immer gewinnt.

Früher war es einfach, eine Chancengleichheit zu erreichen: trat man gegen einen deutlich besseren Spieler an, so begann dieser das Spiel mit einem oder zwei Bauern weniger, entfernte eventuell sogar einen Läufer oder Turm. Danach war das Spiel fair, für beide in etwa gleich schwierig, und niemand musste sich zurückhalten.

Heute sieht man dies nur noch sehr selten, und gegen Computer schon gar nicht: viele Menschen fühlen sich beleidigt und herabgesetzt, wenn der Gegner dermaßen offensichtlich besser ist – vor allem wenn es sich um diesen doofen PC handelt, der gestern erst wieder abgestürzt war...

Dieses Problem wurde immer noch nicht zufriedenstellend gelöst. Mögliche Vorgehensweisen für die KI wären:

- Anfangs absichtlich einen Bauern oder zwei zu verlieren, und danach normal weiter zu spielen. Dies fällt jedoch auf, vor allem guten Spielern.
- Momentan denken die Schachcomputer typischerweise sieben oder acht Züge im Voraus. Dies kann man senken, zum Beispiel auf drei Züge. Allerdings tritt dabei der Nachteil auf, dass das Endspiel relativ schlecht ausfallen kann – hier müsste das System also das Endspiel als solches erkennen, und wieder mehr Züge im Voraus denken. Ein Beispiel wäre die abwechselnde Bewegung zweier Türme, um den Gegner an den Rand des Spielfeldes zu zwingen: hier genügen drei Züge Vorausdenken nicht.
- Das System kann eine vom Spieler ausnutzbare Situation erstellen; dies hat den besonderen Vorteil, dass der Spieler sich freut, wenn er diese Situation erkennt *„Ha, daran hat der Computer aber nicht gedacht!"*.

13.3   Beispiel: Strategie

In Strategiespielen taucht das Problem der künstlichen Dummheit deutlich seltener auf als beim königlichem Schach. Anstelle von 32 Figuren und 64 Feldern handelt es sich hier typischerweise um hunderte von Figuren und tausende von Feldern.
Entsprechend komplexer wird das Spiel, und es ist schon nicht einfach, hier eine intelligente KI zu programmieren. Eine gute *dumme* KI wird noch deutlich kniffliger.

Andererseits jedoch lassen sich hier Nachteile besser verstecken:

- Die KI bekommt ein niedrigeres Einkommen.
- Einheiten brauchen länger, um erzeugt zu werden.
- Das System konzentriert sich deutlich mehr auf Verteidigung als auf Angriff, und lässt dem Spieler somit mehr Zeit, seine Armee aufzubauen.
- Einkommenquellen wie Farmen oder Goldminen werden nicht oder zu wenig bewacht.
- Späher benehmen sich ineffizient, suchen die Umgebung nicht genau genug ab.
- Transporte werden nicht genügend geschützt.
- Ein Armeeaufbau des verbündeten Spielers an der Grenze wird ignoriert.
- Die angreifende Armee ist etwas zu schwach – der Spieler wird zwar gefordert, wird seine Festung aber vermutlich nicht verlieren.

Auch hier lassen sich Situationen aufbauen, welche sich der Spieler zu Nutze machen kann. Beispielsweise könnte die nördliche Verteidigung des Landes zu schwach sein, obwohl der Spieler bereits den Weg durch die Berge dorthin entdeckt hat...

13.4 Weiterführende Quellen

- *http://en.wikipedia.org/wiki/Artificial_stupidity* – Kurze Beschreibung... und ja, die deutsche Version gibt es (noch?) gar nicht.
- *http://tvtropes.org/pmwiki/pmwiki.php/Main/ArtificialStupidity* – Enthält viele Beispiele.
- *http://www.gamasutra.com/view/feature/132339/intelligent_mistakes_how_to_-.php* – Guter Artikel in Gamasutra.
- *http://www.gamesradar.com/artificial-stupidity/* – Eine Reihe von Vorbildern als Videoclip.
- *http://gamedissections.wordpress.com/2011/07/20/racing-artificial-stupidity/* – Künstliche Dummheit in Wettrennen.

Kapitel 14

Influence Mapping

Einfluss: was Du glaubst zu haben, bis Du versuchst es einzusetzen.
Joan Welsh

14.1 Einführung

Die deutsche Übersetzung von ‚Influence Mapping' wäre ‚Einfluss Abbildung' – wieder mal ein Ausdruck, von dem ich noch keine Spur im Netz gefunden habe. Dabei handelt es sich tatsächlich um eine Abbildung der Einflüsse auf der Karte: seine eigenen wie die des Gegners.
Nun, alle deutschen Artikel zu diesem Thema verwenden den englischen Ausdruck, also tun wir das am besten auch.

Hier handelt es sich um die taktische Analyse der Umgebung, wie es typischerweise von Strategie Spielen benötigt wird: wo hat wer wie viel Einfluss, wo findet sich eine Schwäche des Gegners, und wo entlang verläuft die Front.

Ein Mensch kann solche Dinge typischerweise schnell erfassen, einem Computer fällt dies schwerer. Schöne Beispiele dazu sahen wir in den Anfängen der RTS (*Real Time Strategie*) Spiele: so fanden wir z.B. im Spiel *Dune 2*[1], dass die AI schlicht Panzer herstellte, um diese dann hintereinander in unsere Richtung zu schicken. Immer dem gleichen Pfad folgend, wo wir sie dann einfach mit ein paar konzentrierten Waffen vernichteten.
Heute sind die Spiele, primär dank eben dieser Influence Mapping Analyse, deutlich effizienter.

---

[1]Eins der ersten Echtzeit-Strategiespiele, von Westwood Studios. Es gibt aktive Nachbauten:
Dune Legacy: http://sourceforge.net/apps/mediawiki/dunelegacy oder
OpenDUNE: http://www.opendune.org/

14.2   Berechnung

Betrachten wir also die Berechnung einer solchen Analyse. Als Beispiel nehmen wir eine kleine Karte, die eine einzige Einheit enthält. Am besten unterteilen wir die Umgebung in Quadrate, und finden für jedes Quadrat den Einfluss dieser Einheiten darauf.
Je heller die Farbe pro Quadrat, desto besser die Chance der Einheit, hier Schaden anzurichten – entsprechend fällt die Farbe mit der Distanz langsam ab.

Der Einfachheit gehen wir davon aus, dass die Einheit Ausschau in alle Richtungen hält, und daher entspricht die Form eines solchen Einflusses einer Scheibe:

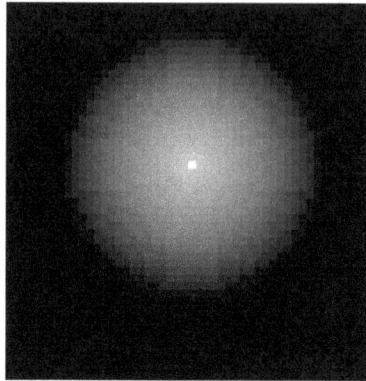

Abb. 14.1: *Einfluss*

Die Berechnung ist einfach: der Einfluss hängt direkt von der Entfernung ab. Je näher, desto mehr Einfluss, desto hellere Gegend. Schwarz: außer Reichweite, die Einheit hat hier keinen Einfluss.
Alles zusammen können wir 255 Helligkeits-Einheiten verwenden, was mehr als ausreichend sein dürfte.

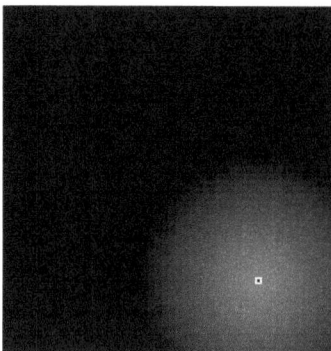

Abb. 14.2: *Einfluss des Gegners*

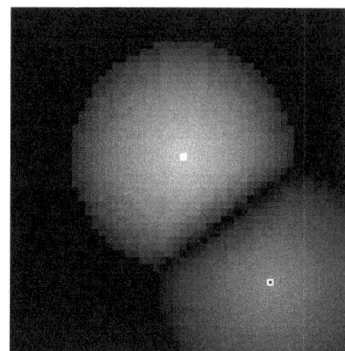

Abb. 14.3: *Die Kombination*

Hier hält sich eine gegnerische Gruppe auf der selben Karte auf.

Jede Einheit hat einen definitiven Einfluss über einen Teil der Karte – nur zwischen ihnen befindet sich eine umstrittene Zone, welche keinem der Beiden gehört. Hier ist der Einfluss beider Seiten identisch, und so zeigt uns diese dunkle Zone die Position der Front.

Die nötige Berechnung ist überraschend einfach: für die erste Einheit berechnen wir den Einfluss mit positiven Zahlen (0..255), für die zweite nehmen wir negative (0..−255).

Für den Einfluss auf jedes einzelne Quadrat addieren wir die beiden Einflüsse. Wird das Resultat negativ, untersteht dieses Gebiet der neuen Einheit. Positiv: der alten Einheit. Zwischen ihnen entsteht die Grenze: hier ist die Summe zu nahe an Null, woraufhin beide Seiten den gleichen Einfluss haben.

Interessant ist noch die Berechnung der besonders gefährdeten Zone, auf welche sowohl Einheit 1 als auch Einheit 2 Einfluss haben:

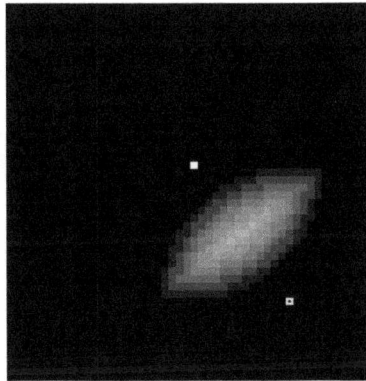

Abb. 14.4: *Gefährdetes Gebiet*

Hier wird das besonders umkämpfte Gebiet angezeigt; je heller, desto gefährdeter. Dieses Beispiel ist allerdings recht einfach.

Die Berechnung ist ein wenig komplizierter:

$$(\text{Einfluss}_1 + \text{Einfluss}_2) - \text{abs}(\text{Einfluss}_1 - \text{Einfluss}_2)$$

(**abs** steht für *Absolutwert*, also die Umwandlung in einen positiven Wert: abs(-5) = 5).

Mit nur einer Einheit pro Seite dürfte der Computer keinerlei Schwierigkeiten bei der Planung haben... sehen wir uns also eine etwas komplexere Version an, mit 7 bzw. 8 Einheiten:

Abb. 14.5: *Erste Armee*

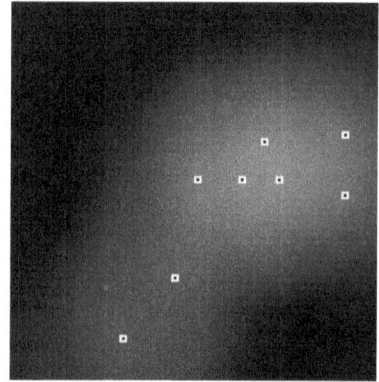

Abb. 14.6: *Zweite Armee*

Und hier zeigt sich der Einfluss, wie auch das gefährdete Gebiet, als etwas komplexer:

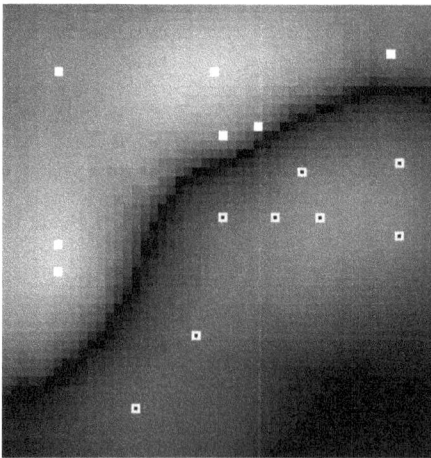

Abb. 14.7: *Beide Armeen*

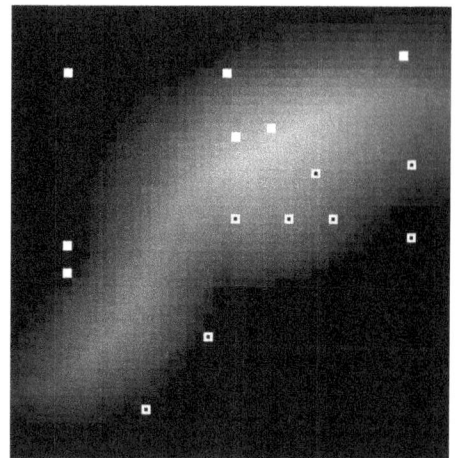

Abb. 14.8: *Gefährdetes Gebiet*

Die Berechnung war genauso einfach wie mit zwei Einheiten und nimmt kaum Zeit in Anspruch. Die AI kann sich auch gut an den Grafiken orientieren – und merkt schnell, welches Gebiet das wichtigste darstellt: oben rechts.

Besonders interessant ist es, wie gut man erkennen kann dass zwei Einheiten der ersten Armee dermaßen nahe am Rand der Front liegen, dass deren Verteidigung suboptimal sein dürfte, und somit vermutlich das nächste Ziel darstellen werden...

14.3   Erweiterung

Die Einfachheit dieser Influence Mapping lässt sich beliebig erweitern. Hier ein paar Beispiele:

14.3.1   Richtung

Was, wenn es sich herausstellt, dass sich eine Einheit zu sicher fühlt? Und primär nur nach vorne schaut?
Entsprechend verbiegt sich die Scheibenform, und bildet einen schmalen Kreissektor nur nach vorne.

14.3.2   Minimale Reichweite

Es kommt oft genug vor, dass die Einheit eine minimale Reichweite hat, wie z.B. eine RPG-7 Panzerbüchse auch nicht auf zwei Meter Entfernung angewendet werden kann. Daraufhin verändert sich die Darstellung des Einflusses von einer Schreibe in einen Ring.

14.3.3   Artillerie

Das Geschütz hat eine sehr große Reichweite, aber ein scharf begrenztes Sichtfeld sowie eine hohe minimale Distanz. Somit dürfte die Beeinflussung ein schmaler Ring sein – bis der Spotter weiter vorne ein Ziel erkennen kann, woraufhin die durchgegebenen Ziele von der Artillerie erreichbar sind.

14.3.4   Gewünschtes Ziel

Nehmen wir an, die Fahrzeug-Einheit mit dem hübschen Namen *HitEmHard* kommt gerade vom Hersteller an die Grenze. Haben wir genügend Zeit, lässt sich mit dieser Methode berechnen, wo genau es am besten positioniert werden sollte.
Und findet die Einheit auf dem Weg zur Front eventuell ein paar kleine, deutlich schwächere Gegner, könnte man diese auch gleich entfernen >:-)

14.4   Weiterführende Quellen

- *http://gameschoolgems.blogspot.de/2009/12/influence-maps-i.html* – Sehr interessanter Artikel, Teil I...
- *http://gameschoolgems.blogspot.de/2010/03/influence-maps-ii-practical.html* – ...und Teil 2.
- *http://aigamedev.com/open/tutorial/influence-map-mechanics/* – Gute Zusammenfassung.

Kapitel 15

Generelle NPC

Wenn ich Dich erneut sehe, erinnere mich daran, nicht mit Dir zu sprechen.
Groucho Marx

15.1 Einführung

NPC steht für **N**on-**P**layer **C**haracter. Hier handelt es sich um alle möglichen Charaktere, welche vom Rechner kontrolliert werden: Mäuse, Wachen, Zahnärzte, Dinosaurier... eben all diejenigen, für die wir Künstliche Intelligenz benötigen.

Dabei muss es sich nicht unbedingt um Gegner handeln – es finden sich hier auch Zivilisten, Händler, Bürgermeister... alle, die nicht direkt von anderen Spielern kontrolliert werden.

Da dieses Feld schlicht viel zu groß ist, gehen wir hier einfach mal von einem Abenteuer-Spiel aus – sogar nur Teil eines Abenteuers, da schon die NPC Beschreibung eines Spieles das ganze Buch füllen könnte.

Also: die Welt ist von NPCs belebt, nur der Spieler steuert eine der vielen Figuren. Er ist ein Anfänger – noch völlig unbekannt, nicht besonders kräftig oder gut ausgebildet, und wird von allen anderen hauptsächlich ignoriert. Dies könnte sich aber später ändern, wenn er mehr und mehr Erfolge zeigen kann, vielleicht indem er stärker wird, mehr dazu lernt, ganze Monstergruppen ausradiert, und sich ähnlich heroisch verhält.

15.2   Monster NPC

Zum bekannt werden gehört nun mal auch der Kampf mit Gegnern: je besser der Spieler damit klar kommt, desto weiter wird er bekannt (im Spiel jedenfalls), und desto eher finden sich manche NPC bereit, ihn zu unterstützen.

Besprechen wir also als erstes die Monster unter den NPC.

Diese sollten sich tatsächlich ernsthaft voneinander unterscheiden. Es genügt nicht, lediglich recht einfache Unterschiedchen einzubauen, wie z.B.:

Name	Geschwindigkeit	Angriffswert	Hitpoints
Monster Nr. 1	80	10 – 30	100
Monster Nr. 2	20	40 – 90	300
Monster Nr. 3	...etc...		

Dazu je eine Grafik, fertig. Fertig?

Nein, die NPC müssen sich deutlicher unterscheiden. Sie sind unterschiedlich groß, verschieden stark, nur teilweise mutig, sehen alle anders aus und kämpfen auf vielerlei Art. Selbst die fünf Skelette, welche dort hinten auf dem Friedhof Poker spielen, sollten unterschiedlich sein – vom Aussehen bis zum Benehmen.
Oder die drei Wölfe im Wald: selbst wenn es sich hier schlicht nur um Typ ‚Wolf' handelt, sollten diese doch Individuelle sein, eventuell ein wenig unterschiedlich aussehen, mit etwas verschiedenen Hitpoints und diverser Mutigkeit.

15.2.1   Bewegung

Fangen wir mit den unterschiedlichen Bewegungen an. Manche NPC können laufen, kriechen, rennen, hopsen, fliegen, hinken, schwimmen, gleiten, rutschen. Manche bewegen sich schnell und zielstrebig, während andere eher langsam sind, und manche sich sogar ernsthaft dumm anstellen.

Die größeren Biester können über die Steine klettern, die kleineren laufen drumherum. Schwere Monster suchen sich einen sehr geraden Weg durch den Wald (und hinterlassen eine lange Spur gebrochener Bäume), Halbgeflügelte schwingen sich durch's Geäst, und die organisierte Armee bewegt sich entlang der Straßen. Die Piranhas können schwimmen (und bis vier Meter aus dem Wasser in die Höhe springen)[1], die Wespen fliegen, und die magischen Golms[2] können lediglich lautlos kriechen.

---

[1]Nein, kein *echter* Piranha, sondern eben eine Spiele-Version
[2]Golms, nicht Golems. Nein, ich habe auch noch nie von diesen Wesen gehört.

Sobald die Skelette unseren Helden gesehen haben, werden sie angreifen. Das heißt, dass lediglich vier davon angreifen – der fünfte flüchtet nämlich. Dazu kommen die vier Skelette unterschiedlich bei uns an: der erste ist fit und kann rennen, die beiden nächsten sind langsame Geher, während der vierte dank seines leicht beschädigten Beines hinkt und entsprechend als letzter ankommt.

15.2.2 Angriff

Auch die Angriffsmethoden unterscheiden sich gründlich: das eine Skelett versucht einfach nur, den Spieler zu beißen. Das zweite greift (recht gekonnt) mit Schwert (verrostet) und Schild (verrottet) an, während der Dritte über Pfeil und Bogen verfügt, und sich somit auf etwas Distanz hält. Genauso wie das letzte Skelett, welches Magie gelernt hat, und sich entsprechend (auf genügend Distanz) hinter den Büschen versteckt um von dort anzugreifen.

Die blauen Fünf-Beiner speien magische Strahlung (glücklicherweise nicht sehr genau), die Yeti werfen mit, hm, nennen wir es ‚Toiletten-Inhalt' um sich, die Elfen sind als gute Bogenschützen bekannt, und den Halb-Riesen genügt es, einfach mit der Faust zuzuschlagen. Haie beißen, Löwen auch (halten ihre Gegner dabei aber fest), während die fliegenden Drachen Feuer spucken, Elche ihre Geweihe verwenden, und die eigentümlichen Schatten-Biester auf Magie bestehen.

Wir können schon sehen, dass sich die Strukturdaten der Gegner doch ziemlich unterscheiden dürften. Sehen wir uns die (bisher) gespeicherte Information des Magier-Skelettes an:

- Name: Skelett, Magier
- HP: 100
- Mut: 70 %
- Bewegungsart: Langsames Hinken, Tempo 30
- Einstellungen: a) Ignoriert Tiere, b) Hass auf nicht-Skelette, besonders Menschen
- Bewaffnung: a) Magiestab (Schaden: 50 – 75), b) Zähne (Schaden: 5 – 15)
- Angriff.Art: a) Magie Klasse 2, aus Deckung, b) Biss
- Angriff.Distanz: a) > 3 Meter, b) Kontakt
- Angriff.Tempo: a) Alle 3 Sekunden, b) alle 1 Sekunde
- Angriff.Effekt: Normal

15.2.3 Charakter

Ein Glück, dass dieser Tyrannosaurus Rex uns in dem Moment vergisst, wenn er uns nicht mehr sehen kann! Sehr ärgerlich, dass dieser bissige Hase einfach nicht aufgibt, und uns jeden Abend wieder findet, um uns den Schlaf zu rauben!

Ein nicht-trivialer Charakter macht es als Gegner gleich noch deutlich interessanter. Wie z.B. der eigentlich gutartige Typ, der aber seine Festung schützen muss. Oder der wirklich intelligente Magier – der jedoch blind ist. Ein bösartiger und intelligenter Riesenfrosch. Die Wache, welche allerdings massive Dummheit demonstriert. Der Typ im Hof ist eigentlich ein netter Kerl, wurde aber ausgetrickst und glaubt an das Gute im (seeeehr bösartigen) König.

Der Drache wird für die Mission schlicht bezahlt – somit kann man ihn, mit genügend Gold, einfach selber anheuern. Ein sehr starker Krieger, welcher allerdings faul genug ist, auf der Wache zu schlafen.

Und alle zeigen Charakter, durch ihr Benehmen, Aussehen, Gespräche, Wutausbrüche, Gemurmel oder Aggressivität.

15.2.4   Ängste

Auch hier unterscheiden sich die NPC deutlich.

Es gibt natürlich welche, die völlig furchtlos sind. Interessanter sind jedoch diejenigen, welche vor irgend etwas Angst haben. Findet man dies heraus, kann man sich allerlei Prügelei schenken[3], und die Gegner hohnlachend vor sich her jagen.

So fürchten manche NPC, überhaupt gesehen zu werden. Andere kommen mit dem Geräusch von Motoren nicht zurecht, haben Angst vor der Nacht oder dem Sonnenlicht, vermeiden Rosen, Vollmond oder Regenwasser.

Wer hat denn Angst vor einer Maus? Die Wache nicht (es sei denn, das Viech ist deutlich größer und aggressiver als sonst), aber der Ogre mit der Armbrust, dem genügt es schon, das Gequietsche auch nur zu hören...

Am meisten fürchten NPC – andere NPC. Wölfe halten sich von Menschen fern, Schafe von Wölfen. Die Wachen fürchten ihren König, Trolle nähern sich nicht den Drachen, Magier weichen den Regenwürmern aus, und aus irgendeinem Grund fürchten die UFOs meine Wasserpistole.

Eine Angst macht die Gegner noch viel interessanter. Auch wenn es nicht so leicht herauszufinden ist (und man einfach auf die Typen draufhauen könnte), wäre es doch interessant, mit dem alten Skipper zu sprechen, welcher einmal sah, wie entsetzt die Zwerge auf eine harmlose Sonnenblume reagiert hatten... Sonnenblume

15.3   ‚Harmlose‘ NPC

Nicht alle NPC müssen Monster sein.

Die allermeisten sind es auch nicht – es sind einfach Menschen (oder Zwerge, zylindrische Blauhäuter, zweibeinige Großkatzen...), welche in der Stadt leben und arbeiten. Mit vielen kann man handeln (gerade die Waffenhändler sind typischerweise von besonderem Interesse), Information einholen (Mit wem spreche ich über eine Fahrt nach

---

[3]Falls Sie das wollen.

Süden?), Wetten abschließen (Ich schaffe es, mein gezogenes Schwert auf der Nase zu balancieren[4]), oder unerwartetes zu lernen (WAS murmelte der Betrunkene eben?).

Es finden sich Alte Freunde, Ärzte, Bettler, Händler, der Spinner welcher diese hübschen Wachhunde züchtet (und verkauft), Wachen, Haushälter, Magier, andere Reisende... und fast alle haben etwas zu sagen, Information auszutauschen oder die einfach für ein Schwätzchen bereit sind.

Vorsicht: die NPC sollen sich nicht einfach immer wiederholen. Dies fällt sofort unangenehm auf, und wird schnell langweilig. Entsprechend sollten alle einige unterschiedliche Dinge von sich geben können, viele Aussagen nicht wiederholen (oder wenigstens in anderer Form ausdrücken), oder einfach mal die Klappe halten.

15.3.1   Beschäftigt

Die NPC haben typischerweise einiges zu tun, oft mit anderen NPC. Sie existieren nicht ausschließlich dazu, dort an der Straßenecke zu stehen und jedem vorbeilaufenden Spieler das oh-so-wichtige Geheimnis zu erzählen. Nein, NPC stehen morgens auf, Frühstücken, gehen zur Arbeit, sind dort beschäftigt, gehen Mittags in die Kneipe, abends gemütlich nach Hause. Vielleicht nochmal in die Kneipe, vielleicht treffen sie sich mit Freunden, und spätabends wird es still.

Vor allem am Anfang des Spieles ist der Spieler selber typischerweise ziemlich unbekannt. Er bekommt keine Sonderpreise, er darf den Bürgermeister nicht im Schlaf stören, und oft hat man einfach keine Zeit für ihn.
Natürlich kann sich dies mit der Zeit (dank des beeindruckenden Erfolges des Spielers) langsam ändern, bis hin zum begeisterten Bejubeln beim Eintritt durch das Stadttor. Und dem Fan-Club.

15.3.2   Einstellungen

NPC sind recht unterschiedliche Typen. Manche fühlen sich (noch?) viel zu wichtig, um den Spieler auch nur etwas Achtung schenken zu müssen. Andere sind höflich, benötigen jedoch einen Übersetzer. Manche sind schlicht unhöflich und verweigern jede Kommunikation (es sei denn, man bedroht sie genügend).
Andere machen sich über den Spieler lustig, gehen ihm ängstlich aus dem Weg, verraten ihn an die Wache oder werden tatsächlich angreifen, wenn er jetzt nicht sofort die Klappe hält.

Die NPC sehen dabei keinen Unterschied, ob es sich um einen anderen NPC oder den Spieler handelt.

---

[4]...und zwar auf Ihrer Nase!

15.3.3   Ein Beispiel

Das Benehmen einer NPC Gruppe kann einfach davon abhängen, wie viele von deren Bande gerade im Raum sind:

Nur einer	Verbeugt sich, ist sehr höflich.
2	Sind höflich.
3	Lächeln höflich, ignorieren den Spieler ansonsten.
4	Sind unhöflich.
5+	Werden aggressiv.

Auch deren generelles Benehmen kann alle möglichen Gründe haben: ein besonders sonniger Tag? Heute keinen Kaffee bekommen? Muss dringend einkaufen und hat es entsprechend eilig? Oder geht es nach langer Arbeit (wo man so höflich sein musste) endlich nach Hause?

15.3.4   Ich Will Aber!

Sehen wir uns gleich noch ein Beispiel an: ein NPC möchte etwas von jemand anderem (Spieler oder eben auch NPC).

Er sollte viele verschiedene Möglichkeiten haben, welche von seiner Einstellung abhängig wären:

Höflich	Die Ware kaufen, wie sie ist.
	Ein Gegenangebot machen.
	Betteln.
	Drohen.
	Aufgeben und jemand anderen suchen.
Bösartig	Bedrohen.
	Überfallen.
	Klauen.
	Kumpel zur Hilfe bei der kommenden Prügelei rufen.

15.3.5   Hintergrund

Als Programmierer kennen wir natürlich diese NPCs in- und auswendig. Es lohnt sich nämlich, von Anfang an festzulegen, wozu dieser Charakter eigentlich da ist. Es bringt genügend Ärger, dem eine gute (und individuelle!) Grafik zu verpassen, ergo muss seine Situation auch einen Grund haben:

- Generell alles umbringen, vor allem den Spieler. Also ein typisches, besonders bösartiges Monster.
- Dem Spieler Objekte verkaufen. Hier gibt es auch verschiedene Typen: Äpfelverkäufer (jeder Apfel gibt 3 Gesundheitspunkte zurück), Waffenhändler (je besser, desto teurer), Kartenverkäufer (die nicht unbedingt 100% akkurat sein müssen)...

- Bestimmte Information teilen. Hier wird beispielsweise von dem bösem Monster erzählt, welches dank seiner besonders guten Waffe[5] besonders gefährlich ist. Oder dieser eigentümliche Typ, welcher sich im Wald versteckt, aber bestimmt weiß, wo sich das magische Pflänzchen finden lässt.
- Auftragen verteilen. Dies ist oft gezielt („Wenn Sie mein Feld von Ratten befreien, habe ich was Schönes für Sie"), manchmal etwas unklar („Hiiiilfe, dank dem Bären kann ich nicht mehr nach Hause!") oder auch hinterhältig („Ich heuere jetzt diesen komischen Typ[6] an, und der kann den Anführer umbringen, für den ich dann bezahlt werde, hähä").
- Den Spieler zum Lachen bringen, von ulkigem Benehmen (vielleicht, weil er betrunken ist) bis zur lustigen Geschichte in der Kneipe (welche interessante Information enthalten könnte).
- Oder einfach ein (nicht unbedingt stummer) Bürger, welche die Stadt besiedeln sollte.

Solche Hintergründe können sich auch im Verlauf des Spieles ändern. Wenn Sie einen armen, schwachen Typ aus einer Prügelei helfen, könnten Sie diesen später im Spiel erneut treffen – und er ist dran, Ihnen zu helfen. Oder Sie verärgern den Bürgermeister, woraufhin eine erstaunliche Menge Ärger auf Sie zukommt.

15.4   Abschluss

Sie sehen, dass die anderen Lebewesen durchaus nicht gerade trivial sein müssen.

Früher hieß es einfach „Ah, fünf Skelette. Kein Problem mit dem Schwert, also Drann–Druff–Drüber!". Heute ist es eher ein „Hmmm, fünf Skelette. Den einen kenne ich doch – der ist ein Magier. Neben ihm sitzt einer, der mich an den Bogenschützen erinnert, aber besser bewaffnet scheint. Von den anderen weiß ich (noch) gar nichts. Also mal vorsichtig anpirschen, Schwert in der Hand...".

Die Kreaturen sehen eben nicht nur anders aus, sie *sind* anders, benehmen sich unterschiedlich und zeigen so das Spiel immer von einer anderen Seite.

15.5   Weiterführende Quellen

- *http://en.wikipedia.org/wiki/Non-player_ character* – sehr viel bessere Beschreibung als in der deutschen Version.
- *http://aigamedev.com/open/article/make-characters-appear-intelligent/* – guter genereller Artikel zu dem Thema.

---

[5] Aha! Her damit!
[6] Ja, *Sie* sind gemeint.

Kapitel 16

Zelluläre Automaten

Die Kunst ist, einmal mehr aufzustehen, als man umgeworfen wird.
W. Churchill

Na also, ein deutscher Kapiteltitel – der Ausdruck *Zelluläre Automaten* ist fast so gut bekannt wie die englische Version, *Cellular Automaton*. Ergo können wir doch tatsächlich mal wieder einen deutschen Kapitelnamen verwenden...

16.1   Definition

Zelluläre Automaten sind sehr nützlich zur Simulation physikalischer Prozesse, dienen aber auch zur Nachbildung von Computern.
Wie so oft findet sich eine interessante Definition im Wikipedia:

Ein Zellularautomat ist durch folgende Größen festgelegt:

- *ein Raum R (Zellularraum)*
- *eine endliche Nachbarschaft N*
- *eine Zustandsmenge Q*
- *eine lokale Überführungsfunktion $\delta : Q^N \to Q$*

Der Zellularraum besitzt eine gewisse Dimensionalität, er ist in der Regel 1- oder 2-dimensional, kann aber durchaus auch höherdimensional sein. Man beschreibt das Aussehen eines Zellularautomaten durch eine globale Konfiguration, welche eine Abbildung aus dem Zellularraum in die Zustandsmenge ist...

Okay, stop. Hm. Ehrlich gesagt, erscheint mir diese langatmige, hochoffizielle Definition als etwas nicht sonderlich Interessantes.

Das Konzept selbst *ist* aber etwas Interessantes: bei Zellulären Automaten handelt es sich um die automatische Erstellung und Veränderung der Umgebung. Machen wir's doch lieber so: wir beschreiben zwei typische Anwendungen (1D und 2D), erklären wie diese funktionieren, und sehen uns an was dabei herauskommt.

16.2   Eindimensional: 1D

Hier haben wir eine einzige, horizontale Zeile – typischerweise ganz oben am Monitor. Das System geht durch die ganze Zeile hindurch, und erstellt auf Basis der Werte in dieser Zeile die nächste: Nummer 2. Diese Zeile wird dann wieder durchlaufen, wobei Zeile Nummer 3 entsteht.
Entsprechend ist der Bildschirm schnell gefüllt, und wir sehen das resultierende Bild, oft voller interessanter Formen.
Die Regeln für die jeweils nächste Zeile können ganz einfach sein, dennoch entstehen dadurch teilweise erstaunlich natürlich wirkende Muster.

Die allererste Zeile ist typischerweise zufällig: entweder ist ein Pixel schwarz (50 %) oder weiß (die anderen 50 %). Alle anderen Zeilen hängen von der vorigen Zeile ab.
Noch interessanter ist der Umstand, dass die Formulierung der nächsten Zeile oft trivial einfach ist.

Nehmen wir uns ein bekanntes Beispiel, genannt *Rule 110*. Hier betrachtet jeder Punkt der neu zu generierenden Linie die drei Punkte darüber: Links, Mitte, Rechts. Die Definition dafür sieht so aus:

Die 3 Punkte darüber	000	001	010	011	100	101	110	111
Neuer Punkt, eins tiefer	0	1	1	1	0	1	1	0

Hier sehen wir, wie die neue Zeile aus dem Inhalt der vorigen Zeile berechnet wird. Sind alle drei Punkte darüber weiß (000, sozusagen leer), ist der neue Punkt in der nächsten Linie ebenfalls leer (0). Ist nur der rechte Punkt schwarz (001), wird der neue Punkt ebenso schwarz (1). Genauso ist es, wenn nur der mittlere Punkt schwarz ist (010). Und so weiter. Alles recht einfach.
Punkte ganz links und ganz rechts gehen immer davon aus, dass der nicht vorhandene Punkt ganz links bzw. ganz rechts immer eine 0 ist.

Sehen wir uns ein Beispiel an:

Zufällige erste Linie	1	1	1	0	0	1	0
Neue Punkte, eins tiefer	1	0	1	0	1	1	0
Und die nächste Zeile	1	1	1	1	1	1	1
...und die Nächste	1	0	0	0	0	0	1
...und noch eine	1	0	0	0	0	1	1

Dies ist sehr einfach zu programmieren: für jeden Pixel in der neuen Zeile benötigen wir lediglich die drei Pixel darüber.

Sehen wir uns mal ein schönes, grafisches Beispiel an. Nein, nein – auch diesen trivial einfachen Code überlasse ich Ihnen (siehe Seite 9)...

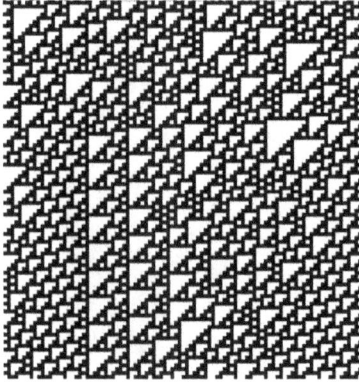

Abb. 16.1: *Zufällige erste Zeile*

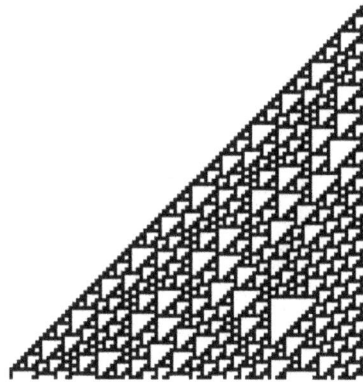

Abb. 16.2: *Lauter Nullen bis auf einen ganz rechts*

Das entstandene Muster erscheint... eigenartig. Vergrößern wir das Ganze mal, betrachten es sozusagen aus größerer Distanz:

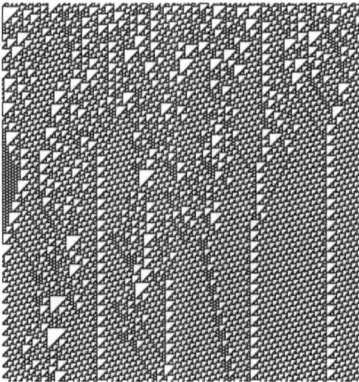

Abb. 16.3: *Zufällige erste Zeile*

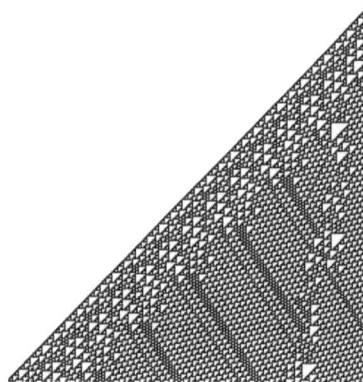

Abb. 16.4: *Lauter Nullen bis auf einen ganz rechts*

Ein interessanter Anblick – laut Prof. S. Wolfram[1] ist die entstehende Grafik weder vollständig stabil noch vollständig chaotisch.

---

[1] Ein faszinierender Mensch – sehen Sie sich mal seine Seite an: http://www.stephenwolfram.com/

Entsprechend macht das Resultat einen aktiven, dynamischen Eindruck... und ist dabei dermaßen trivial zu berechnen.

Faszinierend, solche Erfindungen... tja, nur war die Natur wieder mal vor uns da: eine Version dieses Systems findet sich auf – Muscheln. Und zwar der Conus textile:

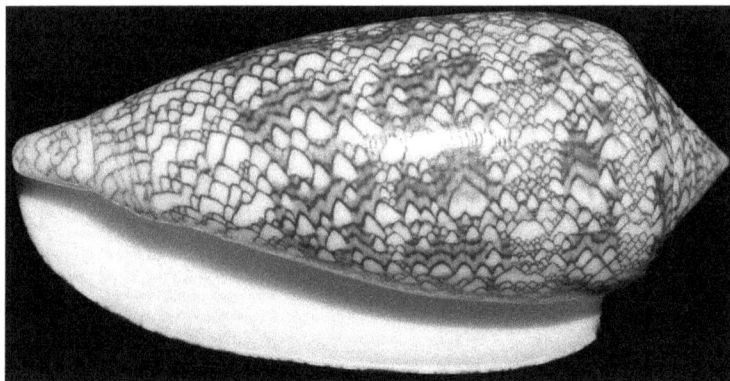

Abb. 16.5: *Wikipedia.org: Conus Textile*

16.3   Zweidimensional: 2D

Im Gegensatz zur 1D, wo lediglich die Pixel links und rechts Verwendung finden, werden hier alle Pixel um den Prüfpunkt herum betrachtet, also 2D.
Besonders bekannt ist hier das sehr beliebte ‚Spiel des Lebens‘ (*Life*) von Prof. J.H. Conway in 1979[2].

In diesem Programm wird nicht nur eine Zeile bearbeitet, sondern die ganzen 2D. Dies sorgt auch für eine völlig andere Dynamik, da hier jedes mal das gesamte Bild neu berechnet wird.

Die Regeln sind unwesentlich komplexer. Aktive Pixel werden als ‚lebendig‘ bezeichnet – typischerweise schwarz, während die inaktiven Pixel weiß sind.

- Jeder aktive Pixel bleibt aktiv mit 2 oder 3 Nachbarn.
- Jeder inaktive Pixel mit genau drei Nachbarn wird aktiv.

Diese einfachen Regeln erzeugen die erstaunlichsten Resultate[3]. Man kann einfach eine Gruppe zufällig ausgewählter Pixel auf schwarz setzen und beobachten, was geschieht:

---

[2] Ja, 1979 – da gab es auch schon Computer ;)
[3] Natürlich gibt es verschiedene Regeln, aber diese ist am beliebtesten, mit den interessantesten Outputs.

Abb. 16.6: *Start*

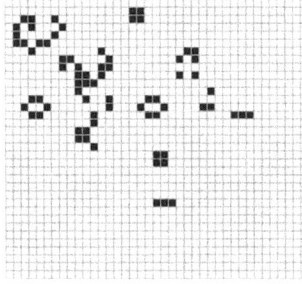

Abb. 16.7: *Schritt 100 (aktiv)*

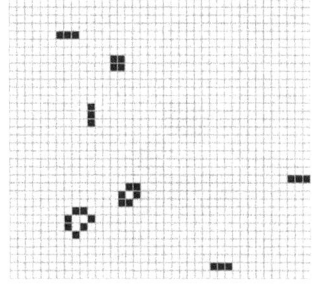

Abb. 16.8: *Schritt 300 (Endresultat)*

(Okay, die aktiven Pixel wurden *fast* zufällig ausgewählt).

Das Resultat ist interessant – ein paar der bekannteren Beispiele sind:

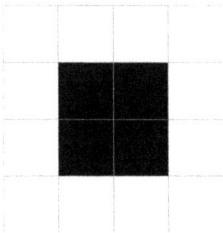

Abb. 16.9: *Unbewegliches Quadrat*

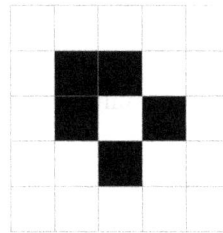

Abb. 16.10: *Unbewegliches Boot*

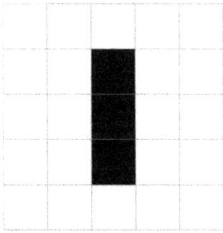

Abb. 16.11: *Blinker: Stufe 1*

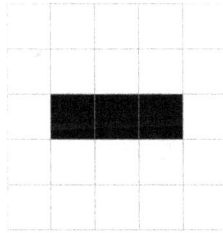

Abb. 16.12: *Stufe 2*

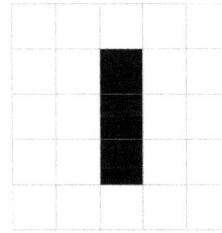

Abb. 16.13: *Stufe 3...*

Gut bekannt ist der ‚Glider‘ , welcher sich immer weiter nach rechts unten bewegt:

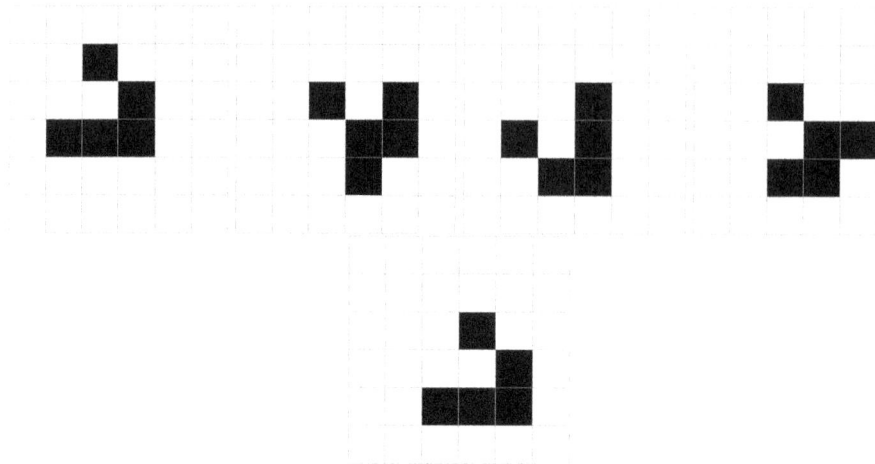

Abb. 16.14: *Der gleitende Gleiter*

Dieser Gleiter wurde inzwischen im Oktober 2003 von Eric S. Raymond als offizielles *Hacker Emblem* gewählt – welch eine Ehre!

16.4   Weiterführende Quellen

- *http://de.wikipedia.org/wiki/Zellulärer_Automat* – recht mathematisch, aber kompletter Code und gute Links.
- *http://en.wikipedia.org/wiki/Conway's_Game_of_Life* – viele sehr gute Beispiele.
- *http://www.math.com/students/wonders/life/life.html* – gute Zusammenfassung, mit eigener online ausführbarer Version.
- *http://conwaylife.com/wiki/Main_Page* – mit einer Riesenmenge Information.
- *http://www.ibiblio.org/lifepatterns/* – online Version (‚Enjoy Life‘, oben links), und eine lange Liste von (gratis) Programmen.
- *http://blog.zabarauskas.com/conways-game-of-life/* – sehr gute, komplexe online Version.
- *http://www.conwaylife.com/* – aktives Forum mit vielen Beispielen und Artikeln.
- *http://pentadecathlon.com/lifeNews/* – Große Menge aktueller Artikel.
- *http://cafaq.com/lifefaq/index.php* – FAQ mit erfreulich viel Information.

Kapitel 17

Wörterliste

Die alten Wörter sind die besten und die kurzen die allerbesten.
Winston Churchill

Wörterlisten aus der Computerei gibt es wie Sand am Meer, und im Netz findet man
diese natürlich auch in beliebiger Menge.
Viele meinen jedoch, so etwas nicht zu benötigen – in der Computerei spricht man sowieso sehr viel Englisch, und somit ist eine deutsche Übersetzung nicht so unendlich
wichtig.

Das ist zwar richtig, aber ich betrachte die deutschen Übersetzungen als – interessant.
Viele der offiziellen Übersetzungen kannte ich gar nicht. Und es erinnerte mich sehr an
eine alte Wörterliste in Südafrika, wo (vor langer Zeit) ein Professor darauf bestand, für
alle englischen Ausdrücke auch eine afrikaanse Version zu finden. So wurde ein „Disk
Drive" zu „Slapskyfaandrywer"...

Hier also eine interessante deutsche Version, geschrieben von Klaus Däßler (http://www.
mathint.com/grundlagen/infterm.htm) der mir erlaubte, sie hier im Buch abzudrucken.

Abort	**Abbruch** Endgültiges Beenden einer Anwendung.
Access Point	**Zugangspunkt** FunkLAN- (WLAN-) Funkstation (Sender und Empfänger), auf die mehrere Rechner gleichzeitig zugreifen können. Reichweite 10–100m, manchmal (quasioptisch) bis 2000m.
Access Time	**Zugriffszeit** Zeit in msec oder nsec, um auf bestimmte Daten auf der Festplatte, CD-ROM usw. zu positionieren.

Account	**Zugang, (Zugangs)konto**
	Beim Anmelden abgefragt. Benutzer muß Benutzerkennung
	(User ID) und Kennwort (Password) korrekt eingeben.

App	**Mobilanwendung**
	Anwendungsprogramm – im Gegensatz zum Systemprogramm
	oder Werkzeug.

Applet	**Applet**
	Java-Programm ohne Hauptmethode ‚main()' das aus HTML
	gestartet wird und auf dem Browser (Navigator) läuft,
	dort aber keine Prozesse starten oder unterbrechen
	kann. Typisch sind Animationen.

| Assembler | **Assembler** |
| | Beendet eine Sitzung des Benutzers am Rechner. |

Backslash	**Rückstrich**
	Auch Rückwärtsschrägstrich oder Gegenschräger. Rückstrich
	ist aber sprachlich optimal.

Backup	**(Sicherungs-)Kopie**
	Automatisches Hintereinander-Abarbeiten von Programmen
	gemäß einer Kommandodatei (Batch File).

Beamer	**Netzprojektor**
	Ein Projektor (Bildwerfer), der über Netz von einem
	Rechner oder einer anderen Videoquelle betrieben wird.

Benchmark	**Leistungstest**
	Im allgemeinen ein Satz von Programmen mit eingebauter
	Meßstatistik für Rechner, Arithmetik, Sprachübersetzer
	u.ä.

binary	**binär**
	Elementarste Darstellung von Information durch das
	Alphabet (0,1). ALLE Information kann damit dargestellt
	werden. Das ist die Stärke des Digitalrechners und
	die Grundlage der Informatik.

Binary	**Objektprogramm**
	Programm, in (binären) Maschinencode übersetzt, das
	im Gegensatz zu seinem Quellprogramm direkt auf dem
	Rechner (Objekt) abläuft.

Bit	**Bit**
	Kleinste Informationseinheit (binary digit) mit den
	Werten (0,1). Grundlage des Digitalrechners und der
	Informatik-Wissenschaft.

Blog	**Netztagebuch** Netzstandort, auf dem ein Netzteilnehmer (Blogger) seine Meinungen, Interessen und Erlebnisse für alle sichtbar ausbreitet.
Bluetooth **WPAN**	**Blaufunk, FPAN** Einsteckbare Trägerplatte für Halbleiterbausteine des Rechners, mit gedruckter Schaltung.
booten	**hochfahren** Selbstübersetzung bzw. Selbsterzeugung eines Programms, i.a. eines Übersetzers.
Break	**Unterbrechung** Ein laufendes Programm wird vorübergehend angehalten, z.B. um sich den aktuellen Zustand der Programmvariablen anzusehen. Gutes Mittel zum Programmtest.
Breakpoint	**Haltepunkt** Man kann den Haltepunkt z.B. mittels einer Testhilfe setzen (markieren), dann hält das Programm dort immer wieder an.
Bridge	**Brücke** Hier: Knotennetzrechner zwischen zwei LAN-Subnetzen.
Broadcast	**(Rund)Meldung** Erscheint auf allen Bildschirmen eines Subnetzes; z.B. Mittagessen! oder Warnung, daß Dienstrechner heruntergefahren wird.
Browser	**Navigator** Programm, das Netzinhalte visualisieren und Hypertext-Verweise verfolgen kann. Mit diesem Programm brause ich nicht, sondern navigiere im Weltnetz – von Standort zu Standort.
Bug	**(Programm)Fehler** Wird im Gegensatz zum Laufzeitfehler (Error) i.a. schon beim Übersetzen des Programms entdeckt.
Button	**Schaltknopf** Drücken Sie den Button: Das Geschlecht verrät, daß der Sprecher den Knopf meint, denn Button ist im Englischen sächlich.
Byte	**Oktett** Geordnete Folge von 8 Bits. Mit Beits kann man z.B. einen kompletten Zeichensatz aus Groß/Kleinbuchstaben, Ziffern, Sonder- und Steuerzeichen darstellen.

Cartridge	**Patrone, Kassette**
	Enthält z.B. ein Magnetband, oder Farbe, Tinte oder Toner für einen Drucker oder Kopierer.
Cache	**Schnellablage**
	Schneller Zwischenspeicher zwischen Arbeitsspeicher (RAM) und Zentraleinheit (CPU). Dort steht der jetzt abzuarbeitende Befehl eines Programms, während der nächste schon im Hauptspeicher adressiert wird.
Central processing unit (CPU)	**Zentraleinheit (ZE)**
	Taktender Hauptschaltkreis des Rechners, besteht aus Steuereinheit und Rechenwerk (ALU), führt bei jedem Takt einen komplexen digitalen Abarbeitungsschritt durch. Auch Prozessor genannt.
Character	**Zeichen**
	Es gibt abdruckbare und nichtabdruckbare Zeichen. Jedes Zeichen wird im Rechner durch eine Binärzahl dargestellt.
Character Code	**Zeichensatz oder Zeichenkode**
	z.B. Klein/Großbuchstaben, Ziffern, Sonderzeichen, Trenner, Steuerzeichen. Auch collating sequence. Z.B. UNICODE, EBCDIC oder ASCII. Asiatische Zeichenkodes haben viele tausend Zeichen.
Character String	**Zeichenkette**
	Folge von Zeichen mit Länge oder Begrenzung.
Chat	**Schwatz, Schwätzchen**
	Textdialog per Internetz zwischen zwei oder mehreren angeschlossenen Partnern.
Chat room	**Schwatzraum**
	Temporäre Verbindung von Netzteilnehmern, um einen Schwatz durchzuführen.
Chip	**Chip**
	(räumlich) kleiner Schaltkreis im (schwarzen) Keramikguß, z.B. Speicher, CMOS usw.
Chip Set	**Chipsatz**
	Satz von Chips auf der Hauptplatine, die ihr Geräteverhalten definieren. Z.B. VIA, ASUS, NVIDIA.
Client	**Klient**
	Rechner oder Programm, der/das sich bei einem Dienstrechner anmeldet, einen gewünschten Dienst (Datei-, Netz-, Druck- usw.) genießt und sich ggf. wieder abmeldet.

Client Server System	**Klientensystem** Dienst oder Dienstrechner zusammen mit Klienten, die darauf zugreifen können.
Clipboard	**Merkbrett** Arbeitsplatz-Zwischenablage für ein kopiertes Objekt, das bis zum nächsten Kopiervorgang bzw. Abmelden des Benutzers zum Einfügen in passenden Anwendungen bereitsteht.
Code	**Programmkode** Quellprogramm oder Programmfragment.
compress	**packen, komprimieren** Vorgang, bei dem eine Folge gleicher Muster in einer Datei durch EIN Muster mit Wiederholfaktor ersetzt werden. Sie kann damit wirkungsvoll verkleinert und später wieder dekomprimiert werden. Es gibt auch andere Verfahren.
Compact Disk (CD)	**Kompakt-Diskette (CD)** Plastik-Scheibe mit Silberbeschichtung, in die Binär- information mit dem Laserstrahl gebrannt wird. Es gibt CD-A, CD-I, CD-ROM.
Compiler	**Kompilierer** Übersetzer einer Programmiersprache, der in mehreren Stufen Informationen aus dem Quellkode einer kompletten Übersetzungseinheit sammelt (kompiliert), um letztere dann komplett in Zielkode (meist Maschinenkode) umzusetzen.
Computer	**Rechner** Wichtigste Erfindung der Neuzeit (Konrad Zuse, 1939, Karlsruhe). Die elektronische Rechenanlage erlaubt es, mathematisch/logische Berechnungen anzustellen, die der Mensch ohne Hilfsmittel niemals bewältigen könnte. Mehr noch: Mit symbolischer Informations- verarbeitung können beliebig komplexe Probleme gelöst werden, von Übersetzung natürlicher Sprache über das Navigieren im Weltnetz bis zur Künstlichen Intelligenz. Der Rechner ist die Zukunftshoffnung der Menschen in einer komplexen, gefährlichen Welt. Es gibt Arbeitsplatz- rechner (Personal C.), Prozeßrechner, Großrechner (Mainframe C.), Parallelrechner und viele andere Aus- prägungen.
Computer Science	**Informatik** Wissenschaft/Technik vom Rechner und der (digitalen) Informationsverarbeitung.

Content	**Netzinhalt** Auch Web Content: Mittels Hypertext adressierbare multimediale Dateneinheit (Programm, Text, Graphik, Musik, Video).
Content Management System	**Redaktionssystem** Werkzeuge und Maskentechnik, um multimediale Bausteine zu verwalten und sie effizient auf Webseiten (WEB Pages)in Netzstandorten (Web Sites) zu präsentieren.
Controller	**Gerätesteuereinheit** Spezialchip oder -Platine für das Betreiben peripherer Geräte durch die Zentraleinheit.
Cookie	**Kuckucksei, Hinterlegungsdatei** Übers Netz besuchte Netzstandorte hinterlegen unter Windows unbemerkt Komponenten, die beim nächstenmal nicht mehr heruntergeladen werden müssen. Einfallstor für Schnüffelei. ‚dir /s' zeigt, ‚del . /q /s' löscht – ausgeführt im richtigen Verzeichnis (Vorsicht!) – unsichtbare und unlöschbare Kuckuckseier.
Corporate Governance	**Ethisch balancierte Führung** Rechner- oder Programmabsturz.
Crossover Kabel	**Kreuzpaarkabel** LAN-Kabel Typ CC mit 4 vertauschten Polen $(1 \rightarrow 3, 2 \rightarrow 6)$, für Rechner/Rechner-Kopplungen ohne Knotennetzrechner.
Cursor	**Schreibmarke** Damit kann man (mausmäßig) auf den beabsichtigten Ort einer Text-Eingabe oder -Manipulation positionieren.
Dash	**Minus,Bindestrich** Nur das deutsche Wort beseitigt die ewige clash-crash-dash-hash-slash-backslash-Verwirrung.
Database	**Datenbank** Auch Repositorium. Großablage strukturierter Datenmengen. Ein Datenbankverwaltungssystem (DBMS), z.B. Oracle, gestattet Daten abzulegen und wiederzufinden. Typisch: relationale Datenbanken. Ein kombiniertes Suchmuster heißt Relation.
Data Highway	**Datenautobahn** Schwärmerischer Name für schnelle Telefonnetze, meist Glasfaserkabel, über die Internetz- bzw. Weltnetzverkehr stattfindet.

Data Medium	**Datenträger** Platte, Band, Diskette, CD, DVD, ZIP, JAZZ, USB-Speicherstift usw.
Debugger	**Testhilfe** Programm, das es gestattet, dafür aufbereitete Objektprogramme anzuhalten, ihre aktuellen Daten zu inspizieren und zu modifizieren und ihren Abarbeitungspfad willkürlich zu verändern.
Design	**Entwurf** Phase der Programmentwicklung. Kann durch verschiedene Muster konkretisiert sein: Prozeduraler E., Funktionaler E., Deklarativer E., Objektorientierter E. Umgangssprachlich auch Entwurf.
Designer	**Gestalter** Gestalter von Objekten, die eines sinnvollen, übersichtlichen, ästhetischen Entwurfs bedürfen. Z.B. Web-Gestalter.
Design Patterns	**Entwurfsmuster** HTML-Datei, d.h. Netzseite (nicht Website oder Webseite sondern Web page!) die beim Neu-Anwählen eines Netzstandortes (web site) als erste automatisch auf meinen Navigator heruntergeladen wird. Heißt dort meistens index.html oder index.php. Web site, Web-Seite, Homepage, Seite werden meist durcheinandergebracht. Fluch der Fremdsprache.
Desktop	**Arbeitsplatz** Satz von Werkzeugen auf der Bildschirmoberfläche eines Fenstersystems. Früher auch für Schreibtischrechner gebraucht.
Desktop Computer	**Schreibtischrechner** Rechner in horizontaler Flachbauweise, der auf den Schreibtisch paßt und auf den man den Bildschirm stellen kann.
Dialer	**Einwähler** Programm, das übers Netz illegal auf meinen Rechner gelangt und von dort aus bestimmte 0190-Nummern anwählt, um unbemerkt Gebühren über meine Telefonrechnung abzumelken.
Directory	**Verzeichnis** Behälter für Dateien und Unterverzeichnisse in einem baumartigen Dateikatalog. Die baumartige Verzeichnisstruktur war eine der großartigen Neuerungen von Unix.

Disk	**Platte**
	Hochgeschwindigkeits-Festplatte, ca. 5–10000 U/min.
	Allg.: kreisrundes, drehbares Speichermedium.
DVD	**Digital Video Disc**
	Sybolischer Name des Laufwerkes, z.b. C: oder /dev/hda1.
	Manchmal auch das einbaufertige Plattengerät.
Display	**Anzeige, Bildschirm, Bildfeld**
	Umgangssprachlich: Bildschirm, z.B. VGA (video graphic array) oder TFT (thin film transistor) -Schirm; Allgemein: jede Art von Bildfeld.
Domain (Internet-, Web-	**Domäne,(Internetz-, Weltnetz-)**
	Symbolische Hypernetz-Adresse eines Netzstandorts (web site), z.B. www.mathint.com. Die unbeholfen falsche Redeweise ,die Domain' signalisiert, daß der Sprecher ,die Domäne' denkt.
download	**(herunter)laden**
	auch einfach laden: Eine Datei, z.B. ein HTML-Dokument (Netz-Seite) vom fremden auf meinen Rechner. Hochladen (upload): von meinem auf einen Fremdstandort.
(Device) Driver	**(Geräte)Treiber**
	(kleines) Objektprogramm, das die Anforderungen meines Betriebssystems direkt in konkrete Ansteuerungsbefehle eines Peripherie-Gerätes umwandelt. Aktuelle Versionen können i.a. vom Hersteller heruntergeladen werden.
einloggen	**anmelden**
	Auf dem Anforderungsbildschirm Benutzerkennung und Kennwort eingeben, um eine Sitzung zu beginnen oder einen Dienst zu beanspruchen.
E-mail, eMail, EMail	**Netzpost (Menge), Netzbrief (indiv.)**
	(Text-)Datei, die an einen (fremden) Netzstandort versandt wird, ggf. mit Anhängen. Voraussetzung ist ein sog. mail-Programm auf beiden Standorten, das das Epost-Protokoll versteht (smtp). Dies bedarf keines Navigators.
E-mail-Adresse	**Netzadresse**
	Programmtechnisches Abbilden eines Werkzeugs oder eines Betriebssystems auf ein anderes (z.B. Windows auf Linux), so daß man auf einem Fremdsystem quasi wie auf einem gewohnten System arbeiten kann.
Error	**Laufzeitfehler**
	Auch Laufzeitausnahme. Kann durch falsche Programmlogik, aber auch Eingaben, Daten usw. zustandekommen. Kann ggf. durch eine Ausnahmebehandlung abgefangen werden.

Enter-Taste	**Eingabetaste** Taste auf der Rechnertastatur, mit dem man seine Eingaben abschickt.
Escape-Taste	**Fluchttaste** Beendet oder hält gewisse Anwendungen (vorübergehend) an, z.B. um ihre Aufrufumgebung anzusehen.
Extension	**Erweiterung, Suffix** Hier: charakteristisches Typkürzel für bestimmte Dateitypen, das zu Erkennung oder – nur durch Klicken – zur Aktivierung des dazugehörigen Werkzeugs führt.
Exception	**(Laufzeit)Ausnahme** Kann durch falsche Programmlogik, aber auch Eingaben, Daten usw. zustandekommen. Kann ggf. durch eine Ausnahmebehandlung abgefangen werden.
File	**Datei** Nicht flüchtiger, abstrakter Behälter auf dem Rechner. Kann Daten oder Programme enthalten. Ist im Dateisystem abgelegt und, wenn nicht geschützt, über einen Verzeichnispfad zugreifbar.
Filesystem	**Dateisystem** Ablagedienst des Betriebssystems auf Speichermedien. Verschiedene Dateisysteme organisieren den Zugriff unterschiedlich gut (z.B. FAT, NTFS, EXT2, REISERFS).
Firewall	**Schutzwall, Brandmauer** Verhindert unbefugten Netzzugriff von außen auf einen Rechner, durch Schließen bestimmter Kontaktschnittstellen (Ports). Die unbeholfen-falsche Redeweise ‚die Firewall' bestätigt, daß der Sprecher ‚die Brandmauer' meint.
Firmware	**Geräteprogramm** Zu einem Gerät gehöriges Steuerprogramm, unabhängig von Betriebssystem und Anwendungen.
Flag	**Flagge** Feld eines Datenobjekts, das einen Typ oder Zustand kennzeichnet(z.B. benutzt/unbenutzt).
Flash-Speicher	**Blitzspeicher** Überschreibbarer Permanentspeicher (EEPROM), der mit einer Spezialmethode aufgefrischt werden kann. Z.B. Flash-Bios (Blitzbios), Flash-Karte (Blitzkarte).
Floppy Disk Fdisk	**Diskette** Robust, schnell und einfach zu bedienen. Fehlt in modernen Mobilrechnern. Ersatz durch Speicherstift oder CD-ROM.

Folder	**Ordner** (Unter)Verzeichnis, natürlich für alle Arten von Dateien, nicht nur Dokumente!
force feedback	**Fühlsensor** Übertriebenes Multimediawerkzeug. Handschuhe, Binden usw, die taktile Reize vom/zum Rechner übertragen. Darauf haben wir gerade gewartet.
forward	**weiter(leiten)** Eine erhaltene Datei oder einen Ebrief weitersenden.
Freeware	**Gratisware, Gratisdenkware** Mit Hintergedanken geschenktes Anwendungsprogramm oder Werkzeug zur freien Verwendung, ggf. müssen Urheberrechte beachtet werden.
Hacker	**Hacker** Kindliches Selbstverständnis bärtiger Programmierer: A: Erfahrenes Mitglied der ‚Freie-Software-Bewegung‘ B: entwickelt Programme zum Eindringen in geschützte Rechner, C: wichtigtuender UNIX-Programmierer.
Handheld	**Handrechner** Meist mit winzigen Tasten und Stift zum Tippen auf dem Bildfeld, auch PDA. Schließt die Lücke zum Mobiltelefon.
Hard Disk	**Festplatte, Platte** Schneller, permanenter Massenspeicher des Rechners. 4–8 Magnetscheiben übereinander. Schreib-Leseköpfe, Spuren, Sektoren. 5–10 000 U/min. Größenordnung Gigabyte.
Hardware	**Geräte(technik)** Für Hardware und Software, die wichtigsten Begriffe der Rechentechnik MUß es deutsche Namen geben!
Hash	**Kreuz, Balkenkreuz, Nummernzeichen, Raute** Wird in Skriptsprachen meist als Kommentarzeichen verwendet.
HDMI	**HDMI** Meist Einohr-Kopfhörer mit Bügelmikrofon.
Hoax	**Scheinvirus, Schwindel** Aufregung, ohne Schaden anzurichten. Manchmal Falle, da angebotene Virenschutzprogramme dann wirklich Viren sind oder zumindest so wirken.
Homepage	**Hauptseite, Startseite** Auch Default Page. HTML-Datei, die beim Anwählen eines Netzstandortes zuerst auf meinen Navigator heruntergeladen wird und dort als Startseite erscheint.

Host	**Standortrechner**
	Gerät/Rechner mit einer Netzadapter-Karte mit MAC- oder IP-Adresse, d.h. übers LAN zu erreichen.
hosting	**Domänenverwaltung**
	kostenpflichtiges Verwalten bzw. Bereitstellen eines Netzauftrittes im Weltnetz durch einen Netzanbieter (vgl. Provider).
Hot Spot	**Funkzelle**
	Empfangsbereich einer öffentlichen WLAN-(FLAN)-Funk- station für das Internetz.
Hub	**Sternkoppler**
	Netzverteiler, der jeweils nur ein erhaltenes Datenpaket allen angeschlossenen Rechnern sternförmig anbietet. Gleichzeitige Kommunikation mehrerer Rechnerpaare ist nicht kollisionsfrei möglich (vgl. router, switch).
Hypertext Markup Language (HTML)	**Hypertext-Auszeichnungssprache (HTML)**
	Skriptsprache aus Text, Formatierungsbefehlen, Java- Applets, Media-Objekten und Metaverweisen (Netzadressen). Wird vom Navigator (Browser) interpretiert und graphisch dargestellt. Ermöglicht nichtlineare, vernetzte Darstellung von Inhalten.
Idle Rate	**Taktfrequenz**
	...des Prozessors, und damit des Rechners. Beeinflußt Arbeitsgeschwindigkeit, jedoch nicht allein. Vom Taktgeber (Kristall) gesteuert.
Image	**Abbild**
	i.A. Speicherabbild; Byte-Datei als Kopie des Hauptspeichers, z.B. bei einem Programmabsturz. Kann dann analysiert werden. Weitere Bedeutungen möglich.
Information Technology (IT)	**Informationstechnik (IT)**
	Wird meist verwechselt. Technology bedeutet Technik; Engineering bedeutet Technologie.
Input	**Eingabe**
	Nicht nur von Tastatur, sondern von beliebigen Medien, in ein Programm.
Instruction	**Anweisung**
	Algorithmischer Einzelschritt eines Programms. Elementar- anweisungen einer Maschinensprache heißen Instruktionen.

Interface	**Schnittstelle** Allg.: Kommunikationskanal zwischen Geräten, Programmen, Mensch und Rechner usw.
Internet	**Internetz** Weltweites Rechnerkommunikationsnetz über Telefonnetze. Grundlage des WWW und anderer Dienste (Dateitransfer usw.). Genormtes Protokoll: TCP-IP (Transport Control Protocol – Internet Protocol). Vgl. Intranet.
Interpreter	**Interpretierer** Übersetzer von Quellkode einer Programmiersprache, der, anders als der Compiler, jede Anweisung sofort nach ihrer Übersetzung abarbeitet. Damit ermöglicht er schnelles Modellieren, ist aber für reale Anwendungen i.a. zu langsam.
Intranet	**Intranetz** Lokales TCP-IP-Netz, z.B. Firmennetz, nicht allgemein zugänglich.
IP	**IP-Adresse** Internetz-Protokoll-Adresse. Auf dieser beruht sowohl die URL (Web-Adresse) als auch die E-Mail (Netzpost)-Adresse.
Job	**Auftrag** Aktivierung eines Programms, Wurzelprozeß, Kinderprozesse und zugeordneter Arbeitsspeicher.
Joystick	**Spielhebel** Kleiner steckbarer Schalter auf Platinen und Geräten, der verschiedene Betriebsarten derselben steuert.
Laptop	**Mobilrechner** Auch ‚Schoßrechner' oder Klapprechner. Der Unterschied zwischen Notebook und Laptop ist eingeebnet.
LAN (local area network)	**LAN (lokales Anwendernetz)** Datei, die vorgefertigte Hilfsprogramme oder andere Objekte enthält, die über ihren Namen ins Programm gebunden oder dynamisch nachgeladen werden: Graphik, Arithmetik, Sprach-Bibliotheken: C, Java usw. Link Library = Bindebibliothek.
Line-In	**Audio-Eingang** Stereo-Mikrofonsteckdöschen am Rechner.
Line-Out	**Audio-Ausgang** Stereo-Lautsprecher/Kopfhörer-Steckdöschen am Rechner.

Link	**Verweis**
	Hypernetzadresse (URL) eines bezeichneten Standortes oder Dokuments, aber auch schlicht Adresse, Zeiger.
Linker	**Binder**
	Dienstprogramm, das bereits übersetzte, sog. Bindemodule, auch Bibliotheksmodule, zu einem ablauffähigen Programm bindet (durch Auflösung der Sprungadressen).
Listing	**Liste**
	Ausdruck eines Quellprogramms oder Übersetzungslisten.
Logfile	**Logdatei**
	Datei, in der der Ablauf eines Programms, Dialogs oder einer Sitzung protokolliert wird, wenn jene entsprechend instrumentiert, d.h. mit Ausgaben an entsprechenden Stellen versehen wurden.
Loop	**Schleife**
	Auch Wiederholung. Oft führt falscher Programmcode in eine Endlosschleife.
mail	**(E-)Post, (E-)Brief**
	Die unbeholfen-falsche Redeweise ‚die Mail' beweist, daß der Sprecher ‚die Post' im Sinn hat. Warum also nicht gleich auf deutsch?
mailen (jmd)	**schreiben (jmd)**
	Pedanten orakeln Verwechslungsgefahr. Dabei birgt ‚jmd. schreiben' wesentlich mehr wichtige Aussagekraft, als ‚jmd. mailen'.
Main Board	**Hauptplatine**
	Auf dieser sind i.W. Prozessor, Hauptspeicher und Chipsätze sowie Steckplätze für ‚Karten' Graphik, Modem, LAN usw. Auch ‚Motherboard'.
Memory	**Speicher**
	Überschreibbarer Permanentspeicher in einem USB-Stift. Elegant aber noch teuer.
Monitor	**Bildschirm**
	Monitor (Erinnerer:-) ist ein lateinisches Lehnwort.
Mother-board	**Hauptplatine**
	Siehe Mainboard.
mount, mounten	**einhängen**
	Einem lokalen Verzeichnisnamen wird ein externes Verzeichnis (Datenträger oder Netzlaufwerk) zugeordnet. Dieses ist darüber lokal zugreifbar bis zum Aushängen (unmount).

Mouse	**Maus** Handgerät für ein Fenstersystem zum Bewegen der Schreib- marke und Anklicken von Symbolen, mit 2–3 Tasten und ggf. Rollrad für Menüs.
Mouseover	**Mausefalle** Maussensitiver Bereich auf der Fensteroberfläche. Beim Berühren dieses Bereichs mit der Schreibmarke passiert ein Effekt.
Mouse Pad	**Mausmatte, Mausunterlage** Mausmatte ist süß und setzt sich durch. Jeder weiß sofort, was gemeint ist. Das kann man von ‚Pad‘ nicht unbedingt sagen.
Netbook	**Leichtrechner** Nicht jedes Netz ist ein ‚Netzwerk‘. ’Netzwerk’ gilt eher für Gruppen netzagierender Teilnehmer (Agentennetze). Im Zweifelsfall ‚Netz‘ verwenden.
News	**Neuigkeiten, Neu** Neuigkeiten sind viel bunter und anschaulicher, als die pseudomodernen News. Wenn ein Netzstandort mit ‚News‘ angibt, merkt man sofort, daß ein platter Geist dahintersteht.
Newsgroup	**Themengruppe** Angemeldete Mitglieder dieser Gruppe informieren sich gegenseitig über zentrale Verteiler.
Newsletter	**Rundbrief** Mitteilungen an Interessenten einer Thematik.
Notebook	**Mobilrechner** Auch Klapprechner. Die Notizbuchgröße wird heute eher von PDAs erfüllt.
offline	**abgetrennt** Gegenteil von ‚online‘ (verbunden).
online	**verbunden** Das Potential des Netzhandels wurde überschätzt. Menschen wollen anfassen, was sie kaufen.
Open Source	**quelloffen** Programme, die in Quellform zugänglich sind und unter Beachtung der offenen Quellizenz beliebig verwendet werden dürfen.
Operating System (OS)	**Betriebssystem** Bildwerfer, mit dem man Folien auf eine Bildwand projizieren kann.

Password	**Kennwort** Auch Paßwort (gebräuchlich, aber inhaltsleer): Was passt da auf welchem Pass?
Peer-to-Peer-Modus	**Kollegenmodus** Minirechner als Taschenorganisator und Kommunikations- mittel (Palm, Newton, Zaurus). Besonders interessant: Linux-PDA
Personal Computer	**Arbeitsplatzrechner** Ein Rechner mit allen Ressourcen zum Arbeiten für eine Person.
Phishing	**Passwortfischen** Illegale Methode, um übers Netz an vertrauliche Daten eines Benutzers heranzukommen, z.B. indem man ihm einen getürkten Auftrag zur Datenübermittlung schickt oder seine gerade laufende Transaktion von Bankdaten anzapft.
Phishing Mail	**Fischpost** Getürkter Brief des Passwortfischers, der das Erscheinungsbild z.B. einer Bank nachahmt.
Pipe	**Filter, Kommandoschlange** Dichte, schrittweise Organisation der Bearbeitung aufeinander- folgender Instruktionen im Prozessor, um die Rechen- geschwindigkeit zu erhöhen.
Plug	**Stecker** kein Kommentar
plug-and-play (pnp)	**installationsfrei (pnp)** Zubehör/Erweiterung funktioniert sofort nach Einstecken/ Laden in den Rechner.
Plugin	**Ergänzungsmodul** Programm oder Gerät, das einfach ‚hineingesteckt' werden kann, und funktioniert; z.B. Java-Plugin oder Plug- in-Prozessor.
Pointer	**Zeiger** Wichtiges dynamisches Werkzeug um Verweise, Relationen, Netze, Sprünge zu programmieren.
Portable	**Mobilrechner** bezeichnete früher kleine Rechner mit aufgesetztem LCD-Bildschirm. Heute gehören alle Klapprechner dazu.

Portable Hypertext Processor (php)	**portabler Hypertextprozessor, php** Präprozessor für Hypertext-Dateien zum Darstellen dynamischer Inhalte ohne JavaScript oder Perl. Jeder moderne Navigator besitzt einen.
Power Management	**Energieverwaltung** Stromverbrauchsregelung nach Prozessorbeanspruchung und Batteriekapazität, Ab- und Hinzuschalten von Komponenten wie Platte, Bildschirm.
Printer	**Drucker** Taktender Hauptschaltkreis des Rechners, besteht aus Steuereinheit und Rechenwerk (ALU), führt bei jedem Takt einen komplexen digitalen Abarbeitungsschritt durch.
Prompt	**Eingabeaufforderung** Meist blinkende Schreibmarke auf dem Fenster.
Provider	**(Internetz-)Anbieter** Bietet auf seinem Netzdienstrechner (Server) Platz für meinen Netzauftritt. So braucht man den eigenen Standortrechner nicht 24h verbunden zu halten.
Public Domain Software	**Gratisdenkware** Kostenfrei über Netz erhältliche Programme, die man bei Nennung des Urhebers auch kommerziell verwerten darf. Beispiel: GPL (GNU Public License).
Queue	**Warteschlange** Begriff aus der Programmiertechnik für aufeinanderfolgende abzuarbeitende Elemente.
Rack	**Einschubgerüst** Gerüst für mehrere flache (Rechner)Module, übereinander eingeschoben und hinten verkabelt.
Random Access	**Direktzugriff** Direktadressierung eines Platzes auf dem Speichermedium, ohne dieses von vorn durchsuchen zu müssen. Auch wahlfreier Zugriff.
RAM (Random Access Memory)	**RAM, Direktzugriffsspeicher** EDO-RAM, D-RAM, S-RAM, SD-RAM, DDR-RAM: verschieden effiziente Direktzugriffsspeicher, einsteckbar auf RAM-Bänken auf der Platine.

Real time	**Echtzeit** Der Rechenprozeß ist zeitlich mit einem außerhalb ablaufenden Vorgang verbunden; muß deshalb besonders schnell (in Echtzeit) reagieren. Es gibt sog. Echtzeit-Betriebssysteme.
Recovery	**Wiederherstellung** ..eines zerstörten Datenbestandes oder Programmes von einem Datenträger aus. Heute typisch: vorinstalliertes Betriebssystem mit Recovery-CD.
Repeater	**Fortpflanzer** Station im (Funk-)LAN-Netz, deren Aufgabe es ist, die Reichweite des lokalen Netzes durch Empfangen, Verstärken, Senden zu erhöhen.
Resource Description Framework	**Webobjektbeschreibungsschema, WBS** Auch Wurzelverzeichnis. In ihm sind alle anderen Verzeichnisse.
Router	**Router, WAN-Richtkoppler** Richtkoppler (switch) mit WAN-Port: Netz-Vermittlungs-rechner. Überträgt mithilfe einer Routen-Tabelle Datenpakete eines Teilnetzes in ein anderes Teilnetz. Route ist ein frz./lat. Lehnwort, deshalb Router.
Runtime	**Laufzeit** Ablaufzeitraum eines Objektprogramms.
Scanner	**Bildabtaster** Optisches Lesegerät, das das zu lesende Objekt rastert, d.h. in elektrische Einzelimpulse verwandelt. ‚Optischer Abtaster' wäre genauer, aber umständlich.
Screen	**Schirm** Meist Glaskolben-Bildschirm. TFT- und LCD-Schirme werden i.a. mit ‚Display' bezeichnet.
scrollen	**rollen** Bildlauf durch Tastendruck, Positionierung auf der Bildlaufleiste oder mit dem Mausrad .
Scrollbar	**Bildlaufleiste** Anzeigebalken am rechten bzw. unteren Fenster-Rand, auf dem man die Position des Bildes im Fenster sehen/verändern kann. Wenn das Bild ins Fenster paßt, verschwindet sie.

Semantic Net	**Semantisches Netz** Begriffsnetz eines intelligenten Systems aus (nichtsprachlichen) Begriffen und Relationen. Beim Menschen heißt es ,Gesinn'.
Semantic Web	**Semantisches Weltnetz** Rechnergemäße Indexierung der Inhalte von Netzstandorten; erlaubt inhaltliche statt nur textlicher Suche im Weltnetz. Gegenwärtiges Werkzeug dafür: RDF. Nicht verwechseln mit ,Semantisches Netz'!
Server	**Dienst(rechner/programm)** Programm oder Rechner bietet nach einem bestimmten Anmeldeschema Dienst im Netz an. Wichtiger Begriff vernetzter Rechentechnik; muß in suggestiver Muttersprache vorliegen.
Service	**Dienst** z.B. Internetzdienst, Dateidienst, Installationsdienst, Datenbankdienst.
Session	**Sitzung** Zeitraum zwischen Anmelden und Abmelden am Rechner.
Setup	**Installation, Einrichten** Viele Programme brauchen spezialisierte Installationsroutinen.
Shareware	**Testware, Testversion** Zunächst frei erhältliche Programme, die der Hersteller kostenlos beim Anwender testen und dann verkaufen will.
shell	**Shell, Kommandointerpreter** Äußerste ,Schale' eines Betriebssystems, in der Benutzer oder Programme es mit sog. ,shell-Kommandos' mithilfe von ,shell-Variablen,steuern. Beim Öffnen eines Kommandofensters wird ein frischer Kommandointerpreter gestartet, der i.a. bereits einige (durch Benutzer oder System) vordefinierte shell-Variablen mit bestimmtem Wert besitzt. C-shell (CSH), Bourne-Shell (SH), Korn-Shell (KSH), Bourne-Again-Shell (BASH).
shell script	**Kommandoprozedur** Skript aus Shellkommandos. Typisch für professionelle Betriebssysteme. Enthält strukturierte Anweisungen und Shell-Variablen.
shift taste	**Umschalter** Zwischen Groß- und Kleinbuchstaben.
site	**Standort** (,sait'): Kürzel für Web Site bzw. Netzstandort. Irrtümlich überall als ,Seite' (page) ausgesprochen und verstanden.

sitemap	**Inhaltsverzeichnis** baumförmiges Inhaltsverzeichnis eines Netzstandortes, oft mit Markierung, wo ich mich gerade befinde.
Slash	**Schrägstrich** Auch ‚Schräger' (/).
Slot	**Steckplatz** Für Einsteckkarten am Rechner, z.B. mit ISA und PCI- Sockeln.
Smiley	**Emotikon, Lächler** :-), :D, :-(
Socket (Interface)	**Kontaktschnittstelle** Gerätetechnisch: Sockel für Bauteil. Programmtechnisch: IP-Adresse und Port (Kontaktnummer: 1..2048). Über diese Schnittstelle unterhalten sich zwei Betriebssysteme.
Software	**Denkware, Programm(e)** Verfahrenslehre industrieller Programmentwicklung und -Verwaltung. Technologie = Entwicklung von Verfahren. Gegensatz zur Programmiertechnik.
Software Technology	**Programmiertechnik** Anwendung von Modellierungsbausteinen für Programme: Wiederholungen, Alternativen, Sprünge, Listen, Zeiger, Tabellen, Klassen, Objekte, Prozeduren...
Soundcard	**Akustik-Karte** Meist zum Einstecken in Hauptplatine.
Sound File	**Klangdatei** Digitale Schallwellendarstellung in Datei gespeichert und abspielbar.
Speech Voice Recognition	**Spracherkennung** Disziplin der Rechnerlinguistik, bei der ein sog. Decodierer mittels sog. Akustik-Modelle, Sprach-Modelle und Lexika einer bestimmten Sprache aus Klangdateien textliche Wortfolgen dieser Sprache generiert.
Stack	**Stapel** Abstrakte Datenablage im Programm. Was zuletzt drauf- kommt, wird zuerst wieder abgeholt. Auch Kellerspeicher.
Stick	**Stift** Differenzierungswort für USB- bzw. UMTS-Stift. „Gib mir mal den Stick".

Streamer **(-tape)**	**Band(-gerät)** Magnetband, Magnetbandkassette, Magnetbandkassetten- gerät.
Sub-D **Plug**	**Farbbildschirmstecker** 11 Stifte in 3 Reihen.
surfen	**navigieren** Dieser gute lateinische Name, auch ein deutsches Fremdwort, wurde von Fa. Netscape für ihren berühmten Netscape Navigator erfunden. Navigieren trifft weit besser als surfen oder brausen.
Swap	**Auslagern** Ist der Hauptspeicherplatz für einen Auftrag zu klein, wird ein derzeit inaktiver Teil davon (in sog. Seiten) zeitweise in eine Auslagerungsdatei (auf der Platte) verlegt.
Switch	**Richtkoppler** (Ether)Netzverteiler. Schaltet gleichzeitig paarweise Verbindungen, die nicht kollidieren, zwischen angeschlossenen Rechnern. Vgl. Hub.
System **manager**	**Systemverwalter** Verantwortlich für Betreuung, Wartung, Pflege des Betriebs- systems, der Netze und Dienste.
System **software**	**Systemprogramm(e)** Gegensatz zu Anwendungsprogrammen. Betriebssystem und Werkzeuge.
Tag	**Marke** Feld eines Datenobjekts, das die Klassenmarkierung aufnimmt.
Tagger	**Markierer** Programm, das Objekte mit einer Klassen-Markierung auszeichnet.
Tape **(magnetic)**	**(Magnet-)Band** Großer langsamer Massenspeicher, der nur sequentiell beschrieben und gelesen werden kann.
Task	**Auftrag** Programmabarbeitungseinheit des Betriebssystems. Ähnlich wie ein Job (der auch kleinere Programmteile definiert).
Terminal	**Bildschirm, Ein/Ausgabegerät** Früher: komplette Datenendstation (Bildschirm + Tastatur oder Fernschreiber). Heute: meist Bildschirm.

Text-to-Speech	**Sprachgenerierung** Disziplin der Rechnerlinguistik, bei der ein akustischer Generator aus Texten gesprochene Sprache generiert.
Timeout	**Zeitgrenze** Obergrenze für das Warten eines Programms auf eine Eingabe, bevor es abbricht oder mit Standardannahmen weitermacht.
Timesharing	**Zeitscheibenverfahren** Beim Vorhandensein mehrerer Benutzer bekommt jeder umlaufend einen Zeitabschnitt vom Rechner. So wird keiner benachteiligt..
Thread	**Leichtgewichtsprozeß** Aufteilen eines Programmablaufs in parallele Abschnitte, von denen jeweils einer aktiv ist und die andern ruhen, ohne den Prozeßmechanismus des Betriebssystems zu beanspruchen.
Thread	**Diskussionsfaden** Ein Themenkreis aus mehreren in einem Internetz-Diskussionsforum.
Token	**Lexem** Hilfsprogramm bzw. Benutzerkomponente eines Betriebssystems (z.B. Büroanwendung).
Touchpad	**Berührungsfeld** Sensibles Feld auf dem Mobilrechner, auf dem man mit dem Finger die Schreibmarke im Bildschirmfenster positionieren und Eingaben abschicken kann. Vgl. Trackball.
Touchscreen	**Berührungsschirm** Berührungsempfindlicher Bildschirm, meist auf Bahnhöfen.
Tower	**Turmgehäuse** Senkrechtbauweise eines Arbeitsplatzrechners. Im Turm ist am meisten Platz für zusätzliche Komponenten.
Track	**Spur** Imaginärer Kreis auf der Magnetplatte, auf dem sukzessive ohne Neupositionierung Daten geschrieben / gelesen werden können.
Trackball	**Positionskugel** Vorläufer des Berührungsfeldes (Touchpad) auf dem Mobilrechner.

Transfer Protocol	**Übertragungsprotokoll** Paketorganisationsschema von Daten, die übers Netz geschickt werden, zusammen mit einem Kopfeintrag. Z.B. TCP-IP.
Twisted Pair Cable	**Drilladerkabel** Ethernetzkabel, bei dem die Adern paarweise verdrillt sind, um Störfelder zu vermeiden.
UMTS	**Universelles mobiles Telekommunikationssystem** Mobilfunkstandard 3. Generation (max. 384 Kbit/s oder 7,2 Mbit/s). Erlaubt schnellen Internetzugriff über das Mobilfunknetz.
UMTS Stick	**UMTS-Stift** Überführung gepackter Daten in ihre Originalform.
Unified Resource Locator URL	**Webadresse, WAdr** Symbolischer Verweis im Hypertext auf Objekte, Texte, Standorte, Skripte, durch Navigator interpretiert und dargestellt. Damit gewinnt Hypertext seinen netzartigen Charakter.
upgrade(n)	**Auffrischen/ung** Herstellen der aktuellen Version auf Basis einer existierenden.
update(n)	**Auffrischen/ung** Siehe upgrade.
upload	**(hoch)laden** Pakete von einem Standort ins Netz schicken. Gegenteil zu download.
URL	**Webadresse** Mit der Redeweise ‚der Juser' Kompetenz und Stallgeruch vorzutäuschen, ist richtig peinlich.
US Plug	**Westernstecker, RJ-Stecker** Ethernetz-Stecker mit Klips und 4 oder 6 Polen.
USB (universal serial bus)	**USB, universeller serieller Bus** Modernes serielles Bussystem (Bündel von vier abgeschirmten Leitungen mit Flachstecker bzw. -buchse), über das der Bus eines Rechners mit externen Geräten in schneller serieller Datenübertragung in beiden Richtungen kommunizieren kann.

USB Stick	**USB-Stift** Genauer: USB-Speicherstift. Kompakter transportabler Direktzugriffsspeicher in Flach-Stiftform mit einem USB-Stecker zum Einführen in jeden Rechner mit USB-Buchse.
utterance	**Äußerung** Einheit bei der akustischen Spracherkennung, die Gegenstand eines Erkennungsvorganges ist. Meist ein gesprochener Satz.
Virtual Community	**Internetzgemeinde** Alle Leute, die aktiv am Internetz teilhaben.
Virtual Reality	**virtuelle Realität** A) Realitätswandel durch Konsum elektronischer Medien – aufgrund seiner biologischen Beschaffenheit erliegt der Mensch multimedialer Verführung. B) Gesamtheit von Programmen und Geräten, die nicht existente Umwelten projizieren: Hochleistungsgraphik, Märchenkabine (Cave), Bildschirm-Helm, Quadrophonie, Handschuh, Schaukelsitz, Sensorbinden usw.
Voice Recognition	**Spracherkennung** Siehe Speech Recognition.
Web	**Web, Weltnetz** Siehe World Wide Web. Auf Hypertextbasis. Beruht auf Internetz, dem Basisnetz für alle Kommunikation.
Web Content Management	**Netzinhalte-Verwaltung** Automatische Verwaltung und maskenorientierte Erstellung von Inhalten für Webseiten (web pages).
W-Crawler, Spider, Harvester	**Netzpflücker** Bietet gegen Gebühr einen Dienstrechner, auf dem dauerhaft meine Netzpräsenz (web site) liegt.
Weblog	**Netztagebuch** Verkörperung der Interessenwelt eines sog. Bloggers, der sich durch Verweise auf ihn interessierende Standorte und Dokumente und geschriebenen Text definiert.
Web Site	**Netzstandort, Netzauftritt** Meine Weltnetz-erreichbaren Netzinhalte. Startseite auf meinem Standort, oder aber auf dem eines Anbieters.
Web Space	**Netz-Speicher** Speicherplatz, der mir beim Netzanbieter bereitgestellt wird.

Web Page	**Netz-Seite**
	HTML- oder php-Datei, die genau einen Bildschirminhalt des Navigators füllt Aus solchen Seiten und Verweisen unter ihnen besteht eine Web-Präsenz.
Whitespace	**Trenner**
	Leerzeichen, Tabulatoren, Zeilenenden. Unsichtbare Zeichen, die die Elemente eines Textes trennen.
Wildcard **(*, ?, $)**	**Platzhalter, Jokerzeichen** Platzhalter zum Suchen mit unvollständigen Suchmustern.
Wireless **LAN,** **WLAN**	**Funklan, FLAN** LAN über kurzreichweitiges Hochfrequenz- Funknetz. Durchdringt Wände auf ca. 10 m Distanz. Reichweite im Freien einige 100 m, mit sog. Yagi-Antennen quasioptisch bis 4 km.
World **Wide** **Web**	**Weltnetz, WWW** Kommunikationsnetz auf Basis von Hypertext-Paketen, die übers Internet geschickt werden.
Workstation	**Arbeitsplatzrechner** Autonome persönliche Datenverarbeitungsstation mit kompletter Rechnerleistung.

Abbildungsverzeichnis

Index

www.ingramcontent.com/pod-product-compliance
Lightning Source LLC
Chambersburg PA
CBHW081107220326
41598CB00038B/7263